AF397988

Martin Reén

FÖRVANDLAD GENOM GUDS NÅD

Från brustenhet till upprättelse och
Kristuslikhet

© 2022 Martin Reén
Originalets Titel: *Transformed by the Grace of God*
Författare: Martin Reén
Svensk Översättning: Börje Norlèn
Förlag: Healing Streams
Tryck: BoD – Books on Demand, Norderstedt, Tyskland
ISBN: 978-91-527-3599-2

INNEHÅLL

FÖRORD

Den här boken är ett resultat av min personliga resa tillsammans med Gud, en resa som pågått i flera år. Det har varit en resa på jakt efter sann frihet och förvandling. Ända sedan jag blev frälst har jag fascinerats av den process genom vilken Gud förvandlar en bruten människa fram till fruktbärande och likhet med Kristus. Det är fascinerande att se hur Guds kraft kan återupprätta de allra mest brustna och sårade människor och ge dem ett helt nytt liv. Faktum är att detta har blivit en stor passion för mig under årens lopp. I början av min vandring med Jesus trodde jag att en sådan förvandling endast var möjlig för någon som kunde behaga Gud genom att leva som en god kristen. Eftersom jag kämpade med en hel del personlig trasighet och brustenhet när jag kom till Jesus, så strävade jag desperat efter att bli en sådan person. Jag försökte allt för att få mitt kristna liv att fungera, men inget av detta kunde hjälpa mig att finna det liv som Bibeln lovar oss som Guds barn.

Det slutade med något som jag skulle vilja beteckna som "andlig utbrändhet", och under den tiden började jag upptäcka vad jag hade missat. Jag hade försökt leva det kristna livet utan kunskap om Jesu fullbordade verk. Den upptäckten öppnade nya perspektiv för mig och det verkliga genombrottet kom när jag fick uppenbarelse om att det är Guds nåd som är grunden till att leva ett liv förvandlat genom Guds kraft. Det som jag försökt åstadkomma genom min egen styrka hade Jesus redan gjort för mig på korset. Jag insåg att allt var ett verk av Guds nåd. När jag sedan tog emot mer uppenbarelse om Guds nåd så såg jag det kristna livet i ett helt nytt ljus. Det var inte längre en kamp för att uppnå genombrott och seger, utan ett liv i förtröstan på den seger jag fått genom Jesu försoning på korset.

Anledningen till att jag har skrivit denna bok är att jag vill förmedla hopp om en sann och förblivande förvandling; ett hopp byggt på Guds nåd. Jag har sett, både i mitt eget liv och i tusentals andra människors liv, att kraften från Jesus Kristus helar, upprättar, förvandlar och gör allting nytt igen. Denna bok är en inbjudan till att djupdyka i Guds nåd och förvandlas genom Faderns kärlek och det fullbordade verket i Jesus Kristus. Min ambition har varit att använda ett enkelt språk för att göra budskapet så lättillgängligt som möjligt. Jag har inte några avsikter att ge en systematisk förklaring av Guds nåd, utan jag vill dela några av de insikter jag kommit fram till under årens lopp, gällande Guds nåds förvandlande kraft.

Denna bok är i många avseenden en sammanfattning av vad jag har undervisat om på konferenser, i seminarier och olika bibelskolor under många år. Många har efterlyst detta material i skrift och nu har denna bok gjort detta möjligt. Jag har haft denna bok i mitt hjärta länge, men det är först nu jag känt mig manad av Gud att skriva den. Under mer än 20 års tjänst har min fru och jag sett människor bli helade, upprättade och förvandlade genom evangeliet om Jesus Kristus. Därför känner jag mig trygg med att förmedla denna undervisning till er. Jag vet nämligen att den fungerar i praktiken!

Jesus har förberett din förvandling genom den försoning han vann på korset, och denna förvandling kan bara ske genom Guds nåd. Du och jag är förutbestämda till att formas till Jesu Kristi avbild. Det är inget vi kan åstadkomma i vår egen kraft, utan det är uteslutande ett verk av nåd. Denna process startade när du blev frälst och den kommer att fortsätta resten av ditt liv. De goda nyheterna är att han aldrig kommer att svika dig. Han kommer alltid fullborda det verk som han har startat i ditt hjärta. Detta innebär att du kan koppla av och bara vara en del av den förvandlingsprocessen. Samtidigt samarbetar du med Herren genom att tillåta honom göra det inre verk som han anser vara nödvändigt. Min förhoppning är att denna bok ska bli till uppmuntran och hjälp för dig i den processen. All nåds Gud kommer att styrka och befästa dig så att du kan bli allt det som han har kallat dig att vara!

"Efter en liten tids lidande ska all nåds Gud, som har kallat er till sin eviga härlighet i Kristus, upprätta, stödja, styrka och befästa er. 11 Hans är makten i evighet. Amen" (1 Petr. 5:10-11).

Din broder i Kristus,

Martin Reén

INTRODUKTION

"Lagen gavs genom Mose, nåden och sanningen kom genom Jesus Kristus. Ingen har någonsin sett Gud. Den Enfödde, som själv är Gud och i Faderns famn, han har gjort honom känd" (Joh. 1:17-18).

Guds evangelium är budskapet om hur Gud har försonat oss med sig själv genom Jesus Kristus och inte längre håller våra synder emot oss. Frälsningen är en gåva som ges av nåd och tas emot genom tro. Om vi vill leva ett segrande kristet liv är det väsentligt för oss att lära oss hur vi kontinuerligt lever av nåd och genom tro. Vi blir inte bara frälsta av nåd genom tro, utan vi blir också förvandlade och helgade genom Guds nåd (Tit. 2:11-14). Kristen tro utan Guds nåd skulle bara vara tom religion. Uppenbarelsen om Guds nåd har förvandlat mitt liv på ett radikalt sätt, därför var det lätt för mig att välja ett tema för denna bok.

Tidigare var jag en frustrerad och utbränd kristen som längtade efter ett genombrott till ett djupare liv i Kristus, men det verkade hela tiden vara ett ouppnåeligt mål. Det kändes helt omöjligt för mig att nå dit. Men med tiden började jag förstå vad som saknades. Jag hade försökt leva som en kristen utan någon uppenbarelse om Guds nåd, och därför var jag nedtyngd av religiösa bördor och självpålagda lagiska krav. När den helige Ande uppenbarade mer och mer av vad Guds nåd är för mig, insåg jag att jag hade försökt förtjäna Guds välsignelser genom religiösa ansträngningar, för att uppnå det som redan hade givits till mig i Kristus. Denna uppenbarelse har lett mig in i ett liv av frid och glädje i den helige Ande. När jag nu ser frukten av Guds nåd i mitt liv och tjänst, så är det tydligt att genombrotten och miraklerna har ökat på ett påtagligt sätt. Min främsta önskan med denna bok är att dela med mig av den uppenbarelse om Guds nåd som jag själv tagit emot. Vi behöver alla en djupare uppenbarelse om Guds nåd, liksom en kontinuerlig förvandling och växt i våra liv som kristna. Det goda nyheterna är att allt detta finns tillgängligt för oss av nåd genom tro.

Definition av Guds nåd

Här kan det vara på sin plats att definiera vad vi menar när vi talar om Guds nåd och därför börjar jag med det. Försök sedan att hålla detta i minnet när du läser vidare i boken. Vi kommer ofta återvända till detta när vi utforskar hur nådens förvandlande kraft fungerar. *Charis* är det grekiska ord som översätts med nåd i Nya testamentet. Denna nåd är en oförtjänt favör från Gud, och en gåva som skänker stor glädje. Evangeliet är alltid goda nyheter, och ett glädjebudskap, eftersom det är byggt på Guds nåd.

Nåden är influensen och den aktiva kraften från Gud

"Dessutom kom lagen in för att fallet skulle bli större. Men där synden blev större, där överflödade nåden ännu mer. Liksom synden regerade genom döden, så skulle också nåden regera genom rättfärdigheten och ge evigt liv genom Jesus Kristus, vår Herre" (Rom. 5:20-21).

Nåd är något mer än en lära; den är Guds kraft som regerar i våra liv genom rättfärdighet. Nåd är Guds inflytande som uttrycker sig i en kristuslik livsstil. Den är Guds kraft som förmedlats in i våra liv för att bryta varje ond vana eller svaghet och övervinna de utmaningar vi ställs inför. Nåd är Guds aktiva kraft som verkar, både i oss och för oss, för att förvandla oss till kristuslikhet.

Det är Guds kraft som förvandlar oss, och Guds nåd kan beskrivas som hans förvandlande kraft som verkar i våra liv, för att styrka och förvandla oss till allt som Gud kallat oss att bli. Detta är anledningen till att författaren till Hebreerbrevet kan säga att det är gott för oss att bli styrkta i våra hjärtan genom nåd (Hebr. 13:9). Nåden är nämligen den kraft och det inflytande från Gud som leder till att vi växer andligen. Paulus anknyter till detta när han uppmuntrade sin andlige son, Timoteus, att hämta kraft i Guds nåd (2 Tim. 2:1). Guds nåd verkar i oss för att förvandla oss till likhet med Kristus, och den erbjuder en oändlig tillförsel av andlig styrka som vi kan ta emot genom tron.

Oförtjänt och okvalificerad favör

Ordet *charis* betyder också gåva och favör. Därför är Guds nåd hans oförtjänta och okvalificerade favör. Vi kan inte göra något för att förtjäna den, men vi har fått den som en gåva igenom Jesus Kristus. Detta innebär att Gud älskar oss och välsignat oss med alla andliga välsignelser i Kristus (Ef. 1:3), utan att först undersökt om vi gjort oss förtjänt av det eller inte. Han älskar oss kravlöst bara för att han är god, inte på grund av att vi har förtjänat det.

Genom den försoning Jesus Kristus fullbordade genom sin död och uppståndelse, slösar Fadern generöst sin godhet och favör över oss. Det enda vi behöver göra är att i tro ta emot vad Jesus gjort för oss (Ef. 2:8-10), därför är det viktigt att denna sanning uppenbaras för oss. Vi behöver få kunskap om vårt arv i Kristus för att få del av det. När vi väl förstått att nåd är Guds generösa gåva till oss, så kan vi frimodigt leva i alla de välsignelser vi har i Kristus. Ingen av dessa har nämligen getts till oss som belöning för att vi uppfört oss väl. Gud älskar oss och söker aktivt hitta olika sätt att förlösa sin favör och godhet i våra liv.

Han är god mot oss för att han älskar oss. Detta har alltid varit och kommer att förbli det hjärta han har för oss. Upptäckten av att vi lever i Guds favör är en av de mest befriande och förlösande uppenbarelser vi kan få del av.

Skillnaden mellan nåd och barmhärtighet

Ibland blandar troende ihop begreppen nåd och barmhärtighet. Med detta menar jag att kristna ibland definierar nåd enbart som förlåtelse av synder och att vi inte får det straff vi egentligen förtjänar, men detta är inte vad nåd djupast sett innebär. Detta skall i stället betecknas som barmhärtighet, vilket innebär att vi slipper drabbas av det vi ytterst förtjänat.

Nåd innebär däremot att vi får det vi inte förtjänar. Vi behöver förstå både Guds barmhärtighet och hans nåd. Om vi blandar ihop begreppen så kommer det att sluta med att vi har en mycket diffus uppfattning om vad nåd verkligen innebär. Konsekvensen blir då att vi missar chansen att ta emot hela fullheten av nådens förvandlande kraft.

Förvandlad genom Guds nåd

"Guds nåd har uppenbarats till frälsning för alla människor. Den fostrar oss att säga nej till ogudaktighet och världsliga begär och i stället leva anständigt, rättfärdigt och gudfruktigt i den tid som nu är" (Tit. 2:11-12).

Vi har nu sett att Guds nåd är hans oförtjänta välvilja gentemot oss, och att nåden är Guds förvandlande makt som gör oss kristuslika. Det är därför som denna bok fått titeln *"Förvandlad Genom Guds Nåd."* Det är omöjligt att beröras på djupet av Guds nåd utan att bli förvandlad. Föreställningen om att en stark betoning av nåden skulle leda till en syndig livsstil är därför ett missförstånd om vad Guds nåd egentligen är. Sanningen är ju att det är Guds nåd som ger oss både kunskap och förmåga att leva ett gudfruktigt liv. *Synden ska inte vara herre över er, för ni står inte under lagen utan under nåden* (Rom. 6:14). Synden har inte längre någon makt över den troende, eftersom Guds nåd har långt större makt. Denna kraft verkar nu i våra liv till förvandling och helgelse.

Vetskapen om att nåd är både är en oförtjänt favör och en kraft till förvandling hjälper oss att förstå varför Gud väljer de mest otippade individer till att bli hans troshjältar. Det finns massor av kristna som kämpar med att våga tro att Gud älskar dem och har en plan för deras liv. Men Gud älskar att utvälja helt vanliga människor, som du och jag, och att förvandla dem genom kraften i sin nåd. På det sättet försäkrar han sig om att det är Gud som får all ära. Gud vill att vi ska leva ett fruktbärande liv, och de möjligheter vi fått att göra avtryck i den här världen som representanter för Guds rike är större än någonsin förut. Vi har blivit nya skapelser i Kristus Jesus. Hans oförtjänta favör vilar över oss, och den helige Ande verkar för oss så att hans avsikter och planer ska fullbordas i våra liv. Denna inre förvandling är som en spännande resa, och i den mån vi gensvarar till Guds nåd genom tro kommer ingenting vara omöjligt.

Uppenbarelse och att förmedla Guds nåd

I denna bok kommer du att upptäcka de vägar där vi kan ta emot av Guds nåd; vilket antingen sker genom direkt uppenbarelse från den helige Ande, eller genom andra troende och de olika tjänsterna i Kristi kropp. Vi skall också studera hur vi kan förmedla Guds nåd till andra troende på ett sätt som bygger upp hela Kristi kropp. Om vi vill ta emot allt det goda som erbjuds i det nya förbundet är det viktigt för oss att förstå hur Guds nåd verkar. Denna bok består av fem delar som förhoppningsvis kommer att förmedla en logisk och tydlig översikt av hur Guds nåd förvandlar oss. Jag har strukturerat upp den här boken på följande sätt:

1.   Befriad genom Guds nåd

I den första delen ska vi titta på vad vi blivit befriade från igenom Jesus Kristus. När vi gör detta kommer vi att förstå att förvandlingen av våra liv har gjorts möjlig genom försoningen i Jesus Kristus; genom den har han frigjort oss från synden, lagen och djävulens makt.

2.   Utvalda och upprättade genom Guds nåd

Sedan kommer vi att gå igenom nådens upprättande verk i våra liv. I denna del av boken kommer vi att titta närmare på den process av helande och helgelse som Fadern för oss igenom för att återställa vår ställning som de söner och döttrar som Gud skapade oss till att vara.

3.   Utrustade genom Guds nåd

I den tredje delen kommer vi att undersöka hur vi finner styrka genom Guds nåd för att genomföra missionsbefallningen i stort, men också våra egna personliga kallelser och tjänster. Förvandlingen är inte fullbordad förrän vi kommit in i allt som Gud kallat oss till och bär en förblivande frukt.

4. Att förmedla Guds nåd

I den fjärde delen kommer vi att se närmare på hur vi
har utrustats för att förmedla Guds nåd till varandra.
Det sker genom den helige Andes smörjelse och gåvor,
och de femfaldiga tjänstegåvorna Vi kan ta emot och
välsignas av Guds nåd, antingen genom direkt
uppenbarelse från den helige Ande, eller genom att
betjänas av andra troende.

5. Att gensvara till Guds nåd

I den sista delen kommer vi att ta upp hur vi kan
gensvara till Guds nåd genom tro. Mötet med Guds
nåd skapar alltid en längtan i vårt hjärta efter att få
gensvara till Jesus, och här skall vi försöka förstå hur
vi kan göra det. Mitt hopp och min bön är att din tro
på den förvandlande kraften i Guds nåd ska upplivas
när du läser denna bok. Slutligen ska vi också studera
vilka praktiska steg vi kan ta för att samverka med
Guds nåd.

Min förhoppning är att läsningen av denna bok
kommer att vara en spännande resa, där vi fördjupar
oss i Guds nåd, inte bara för att få mer kunskap, utan
också för att uppleva den förvandlande kraften i Guds
nåd i praktiken. Jag hoppas att de sidor som nu ligger
framför dig kommer visa sig bli både berikande och
befriande.

DEL ETT: BEFRIAD GENOM GUDS NÅD

I denna första del av boken, kommer vi att titta närmare på hur vi har befriats från synd, ett liv under lagen och från djävulens makt. Detta kommer att lägga en god grund när vi i de kommande kapitlen kommer att studera Guds nåds förvandlande verk. För att verkligen förstå varför evangeliet är så goda nyheter för oss behöver vi känna till vad vi har befriats ifrån. Frihet från vårt gamla liv har till fullo erbjudits oss genom korsets kraft. Guds plan som vår himmelske Far, har alltid varit att resa upp mogna söner och döttrar som lever i Guds barns härliga frihet (Rom. 8:21). Vi kommer in i den friheten genom att upptäcka att vi befriats från det gamla livet genom att vi blivit korsfästa med Kristus.

KAPITEL 1: BEFRIAD FRÅN SYNDENS MAKT

Jag nämnde i inledningen av boken hur jag fick en förnyad uppenbarelse av Guds nåd. En av de absolut viktigaste och mest befriande sanningar som då landade i mitt hjärta var att jag hade blivit löst från syndens makt. I detta kapitel vill jag dela med mig av denna upptäckt. Det är så befriande att veta att synden inte längre har rätt att råda över oss.

Död från synden- levande för Gud

"Så ska också ni se på er själva: ni är döda från synden och lever för Gud i Kristus Jesus" (Rom. 6:11).

Vi ska alltså se oss själva som döda från synden. När troende vanligtvis tänker på vad Jesus har gjort för oss, så fokuserar de på det faktum att våra synder har blivit förlåtna. Detta är en kraftfull sanning som vi behöver förstå, men Gud har gjort så mycket mer än att enbart erbjuda oss förlåtelse för våra synder. Genom Jesus Kristus har vi nämligen också blivit befriade från syndens makt. I nästa kapitel kommer vi att uppehålla oss vid hur våra synder blivit förlåtna och att vi som ett resultat av detta inte längre står med skuld inför Gud. Men först behöver vi förstå hur vi blivit befriade från syndens makt. En viktig nyckel till förvandling är att veta att synden inte längre har någon verklig makt över oss som troende.

Vad är synd?

Det ord som nästan alltid översätts med "synd" i Nya testamentet är det grekiska ordet *hamartia,* som ordagrant kan översättas med "missa målet". Men synd är något mer än enbart handlingar. Vi skulle kunna definiera synden som en regerande makt eller ett dominerande inflytande som producerar syndiga gärningar. Genom att vi dött med Kristus, och med honom blivit uppväckta till ett helt nytt liv, har vi nu befriats från syndens makt. Detta har fullbordats på ett så heltäckande sätt att Paulus uppmuntrar oss att se på oss själva som döda från synden och levande inför Gud. Detta är något långt mer vidsträckt än enbart en trosbekännelse eller andlig position. Det är sanningen om dig och mig. Vi är nu döda från synden och levande inför Gud.

Religiösa traditioner har ibland försökt övertyga oss om att budskapet om att dö från sig själv är en daglig process, men sanningen är att vi redan har dött med Kristus och nu är nya skapelser i honom (2 Kor. 5:17). Det gamla livet är för evigt förbi!

Vi dog tillsammans med Kristus

"Jag är korsfäst med Kristus, och nu lever inte längre jag, utan Kristus lever i mig. Och det liv jag nu lever i min kropp, det lever jag i tron på Guds Son som har älskat mig och utgett sig för mig" (Gal. 2:19b-20).

Nyckeln till att förstå hur vi blivit befriade från syndens makt är att inse att det inte endast är så att Jesus dött för oss, utan att *vi* också har dött med honom. Detta är identifikationens lag. Han blev som vi, för att vi frimodigt skulle kunna proklamera: *"sådan han är, sådana är också vi i den här världen"* (1 Joh. 4:17). Korset visar oss hur långt Jesus var villig att gå för att försona oss med Gud. Jesus Kristus blev till synd i vårt ställe för att vi i honom skulle bli rättfärdiga inför Gud (2 Kor. 5:21). På grund av det Jesus gjort för oss är vi nu döda från synden. Vår gamla människa blev korsfäst med Kristus, och vi har nu uppstått till ett nytt liv, där Guds nåd regerar.

"För om vi är förenade med honom i en död som hans, ska vi också vara det i en uppståndelse som hans. Vi vet att vår gamla människa har blivit korsfäst med Kristus, för att syndens kropp ska berövas sin makt så att vi inte längre är slavar under synden. Den som är död är förklarad fri från synden" (Rom 6:5-7).

När vi dog med Kristus, befriades vi från syndens makt. Det är viktigt att förstå att detta är något som redan hänt. Huvudsakligen betyder detta skillnaden mellan ett liv i frihet och ett liv i träldom under synden. Om vi tror att vår gamla natur fortfarande lever, så kommer vi alltid förbli i syndens bojor. Om vi strävar efter att korsfästa vår mänskliga natur och döda vårt gamla liv så visar detta bara att vi fortfarande tror att vi är bundna av syndens makt. Frukten av detta kommer alltid bli att vi aldrig kommer att uppleva sann frihet.

Om vi vill leva ett liv i frihet behöver vi veta att synden inte längre har någon makt över oss och att vi inte längre lever ett liv separerat från Kristus. Då kommer vi att frigöras från medvetandet om synd och i stället hela tiden vara medvetna om att vi är förenade med Kristus (1 Kor. 6:17). Han är nu vårt livs källa och han har befriat oss från synd. Men varför var det nödvändigt för oss att dö från synden och bli nya skapelser? Räckte det inte med att bara ta emot förlåtelse från våra synder?

Vi föddes döda i synden

"Också er har Gud gjort levande, ni som var döda genom era överträdelser och synder. Tidigare levde ni i dem på den här

*världens sätt och följde härskaren över luftens välde, den
ande som nu är verksam i olydnadens barn. Bland dem var
vi alla en gång, när vi följde våra köttsliga begär och gjorde
vad köttet och tankarna ville. Av naturen var vi vredens
barn, precis som de andra"* (Ef. 2:1-3).

Anledningen till att vi behövde dö med Kristus är att
varje människa på grund av Adams fall har separerats
från livet i Gud. På grund av det har mänskligheten i
stället hamnat under syndens välde (Rom. 3:9-10).
Eftersom synden kom in i världen vid syndafallet så
föds alla människor under inflytandet av syndens och
dödens makt. Detta innebär att vi alla föddes som
andligt döda och separerade från livet i Gud.

Vi var till vår natur vredens barn, och stod under
djävulens välde. Detta är raka motsatsen till en
humanistisk människosyn som påstår att människan i
grunden är god. Om vi människor bara får rätt
vägledning äger vi i oss själva förmågan att leva ett
gott liv, påstås det. Men detta är inte sant. Vi skapades
till Guds avbild och Gud älskar varje människa mer än
vi någonsin kan fatta (Joh. 3:16). Gud har försonat hela
världen med sig själv genom Jesus Kristus och varje
människa som någonsin levat är djupt älskad och
dyrbar för Gud (1 Joh. 5:18-21).

Detta är viktigt att komma ihåg att vi är älskade av
Gud, men det är också viktigt är det att veta att varje
människa föddes som död i synd. Därför är det inte
tillräckligt för oss att enbart ta emot förlåtelse från
synden, för då skulle vi ändå förbli syndare och lyda
under syndens makt. Vi behövde därför en förvandlad
natur för att bli andligt levande. Detta blev möjligt när
vi blev ett med Kristus i hans död för att med honom
också uppstå till ett nytt liv. När vi dog med Kristus
dog vi bort från synden och blev levande med honom

inför Gud. Det enda sättet för en människa att bli levande inför Gud är att tro på Jesus och ta emot Guds liv genom honom (1 Joh. 5:11-12).

Bli levande i Kristus

"Liksom alla dör i Adam, så ska också alla göras levande i Kristus" (1 Kor. 15:22). När vi korsfästes med Kristus, dog vi från vårt gamla liv i Adam och uppstod till ett nytt liv i Kristus. På det sättet förlorade synden sin makt över oss. *"Den första människan, Adam, blev en levande varelse. Den siste Adam blev en livgivande ande"* (1 Kor. 15:45). Jesus blev den siste Adam genom att skapa en ny mänsklighet genom sitt försonande verk. På samma sätt som den förste Adam var upphovet till en fallen mänsklighet så blev Kristus upphovet till en ny återupprättad mänsklighet.

Jesus kallas också den andra människan. Det betyder att Jesus var den andre människan i historien som var Guds avbild, utan att ha en syndig natur. Att Jesus var den andra människan antyder att det också kunde komma en tredje, fjärde och många fler efteråt. Guds plan var att Jesus skulle bli den förstfödde av många bröder (Rom. 8:29). Jesus blev den andra människan för att kunna föra många söner och döttrar till härlighet (Hebr. 2:10).

Denna nya mänsklighet, som du och jag nu har blivit en del av, har gjorts helig och fläckfri genom Jesu Kristi fullkomliga offer. Vi är inte längre döda i Adam, utan vi har nu i Jesus Kristus gjorts levande och befriats från synd. Tidigare rådde synden över oss och på grund av syndafallet fördes synden vidare till alla människor (Rom. 5:12). Vi levde utan hopp men tack vare Jesus har vi nu blivit levande, förlåtna och fria från synd (Ef. 2:4-6).

24

Nåden regerar genom rättfärdigheten

"Dessutom kom lagen in för att fallet skulle bli större. Men där synden blev större, där överflödade nåden ännu mer. Liksom synden regerade genom döden, så skulle också nåden regera genom rättfärdigheten och ge evigt liv genom Jesus Kristus, vår Herre" (Rom. 5:20-21).

De goda nyheterna är att det nu finns en härskande makt som regerar i våra liv genom rättfärdigheten. Denna makt är Guds nåd. På samma sätt som synden var den härskande makt som band oss med olydnadens bojor, så är Guds nåd den makt som frigjort oss till att leva ett heligt och kristuslikt liv. Paulus skriver: *"Liksom synden regerade genom döden..."* (Rom. 5:21). Det grekiska ord som översatts med "regerade" är *basileuō*, vilket betyder regera som en kung. Synden regerade alltså tidigare som kung i våra liv. Men nu har synden blivit avsatt och i stället regerar nåden i våra liv. Eftersom vi nu är Guds rättfärdighet i Kristus Jesus kan nåden regera i våra liv genom rättfärdigheten (2 Kor. 5:21).

Paulus fortsätter i Rom. 5:21: *"så skulle också nåden regera genom rättfärdigheten och ge evigt liv genom Jesus Kristus, vår Herre"*. Han använder här igen ordet *basileuō* för att beskriva hur nåden regerar. Detta innebär att synden har förlorat makten i våra liv och att vi nu har en annan härskare. Nu regerar Guds nåd som kung i våra liv. Detta är anledningen till att jag i inledningen av detta kapitel påstod att det är endast när vi befinner oss i nåden som vi kan uppleva verklig frihet från synden. Nåden är den aktivt regerande kraften från Gud som förvandlar oss, när vi tar emot den genom tron.

En upprättad och frigjord vilja

Detta får en kraftfull tillämpning med tanke på vår förmåga att göra gudomliga val. Ibland får jag frågan om jag tror på människans fria vilja och jag svarar alltid nej på den frågan. I stället tror jag på människans *befriade* och upprättade vilja. Låt mig förklara vad jag menar med detta. Som vi redan har sett så är människans vilja bunden av synden innan en person blir frälst. Men när den personen kommer in i gemenskapen med Jesus så påbörjar Gud en process där viljan befrias genom Guds nåd (Fil. 2:12-13). Mitt eget liv är ett exempel på detta. När jag blev frälst levde jag med många dåliga vanor och karaktärsdrag. De hade en sådan makt över mig att jag helt behärskades av dessa. Jag hade under många år försökt få till en förändring i mitt liv, men oavsett hur jag försökte satt jag fortfarande fast i min bundenhet. Jag levde med andra ord under starkt betryck. När Jesus kom in i mitt liv, så bröts syndens makt, som hade underhållit och stärkt dessa vanor.

Gud började sitt verk med att upprätta min vilja, och jag kunde börja ta steg ut ur betrycket och gå vidare i min livsvandring i min nya identitet i Kristus. Den processen startade när Jesus kom in i mitt liv och går vidare varje dag resten av mitt liv. I den mån jag överlåter mig till Kristi herravälde i mitt liv, och överlämnar min egen vilja till honom, kan jag göra de val som är nödvändiga för att leva det liv som han kallat mig till. Detta gäller för oss alla. Att växa in i den fulla erfarenheten av att Kristus befriat oss från syndens makt är en livslång process. Det tar tid att befrias från syndiga vanor. Därför måste vi ha tålamod med oss själva och lita på Guds löfte om att när vi går med Kristus så blir vi hela tiden mer och mer fria, om vi än tycker att det går långsamt. Vår del i det hela är att acceptera processen av förvandling och tillåta Gud att göra det som han ser vara nödvändigt i våra liv. Det är endast i Kristus vi finner den sanna friheten utifrån vår relation till Fadern, och han kommer inte att avbryta förändringsprocessen förrän vi blivit precis de individer han skapat oss till.

Frihet att synda eller frihet från synden; det är frågan?

"Ska vi bli kvar i synden så att nåden blir större? Verkligen inte! Vi som har dött bort från synden, hur skulle vi kunna fortsätta leva i den?" (Rom. 6:1-2).

Paulus fortsätter sin undervisning med att reagera på en kritik som ofta framförs mot den undervisning som lyfter upp Guds nåd. Kritiken lyder att en sådan undervisning innebär en fullmakt att synda. Paulus fastslår att ett sådant resonemang är en logisk omöjlighet. Vi har ju dött bort ifrån synden, så varför skulle vi då kunna leva vidare i den? Denna kritik bygger på en begränsad förståelse av nåden.

Om nåden enbart innebar en oförtjänt förlåtelse av synd kunde det på något sätt vara en förståelig kritik. En sådan kritik bottnar vanligtvis i att man längtar efter mer helgelse och lärjungaskap i församlingen. Det är en bra längtan, för Gud vill att vi lever ett liv efter himmelrikets standard. Men vad kritiken ofta misslyckas med att ta i beaktande är att Guds nåd är källan till helgelse i det nya förbundet. Kraften i Guds nåd är mycket större än syndens makt och därför har synden ingen makt att sätta stopp för Guds nåd. Guds nåd sätter alltid stopp för synden och övervinner den.

Missbrukad nåd

"Hos er har det nämligen nästlat sig in vissa personer vars dom för länge sedan är förutsagd i Skriften. De är gudlösa, de förvränger vår Guds nåd till försvar för omoral och förnekar vår ende Härskare och Herre, Jesus Kristus" (Judas, vers 4).

I den första församlingen fanns det lärare som försökte missbruka Guds nåd till försvar för omoral, något som förekommer än idag. Denna felaktiga och bedrägliga undervisning kallas ibland "billig nåd", men den beteckningen är vilseledande, för nåd är nämligen inte billig. Nåden är gratis och den ges fritt och för intet genom Jesus Kristus utan att vi behöver betala för den (Rom. 3:24). "Missbrukad nåd", är i min mening ett bättre sätt att beskriva detta bedrägeri.

De som anammar en förvrängd uppfattning av nåd gör så på grund av en felaktig förståelse av Guds nåd, som separerad från en levande gemenskap med Jesus Kristus. Guds nåd är ingen lära, utan den är Hans verksamma kraft och förmåga i och genom oss. Vi får del av Guds nåd genom vår gemenskap med Jesus. Vi har blivit frälsta, välsignade och befriade *"till ära och pris för den nåd som han har skänkt oss i den Älskade"* (Ef. 1:6). Nåden har givits till oss i Jesus Kristus och *han* leder oss inte in i synd. Han leder oss ut ur synd och in i likhet med Kristus. Försöker man skapa en nådens teologi, som inte bottnar i en personlig relation med Kristus, är det möjligt att man drar slutsatsen att nåden är en fullmakt att synda. Men detta är en urspårad föreställning om nåden och helt främmande för Guds hjärta. Guds sanna nåd kommer alltid producera en kristuslik karaktär, präglad av en djupare kärlek och överlåtelse till Gud (Rom. 6:14).

KAPITEL 2: SYNDERNAS FÖRLÅTELSE

Vi har talat om hur vi befriats från syndens makt. Men innan vi går vidare från hur Jesus har löst oss ifrån syndens makt måste vi också tala om vår skuld inför Gud, på grund av de synder vi begått. Skuld kom in i världen genom Adams och Evas fall. När Adam och Eva föll i synd kom synden och döden in i världen och detta gjorde att alla föll i synd och kom in under dödens välde.

"Därför är det så: Genom en enda människa kom synden in i världen, och genom synden döden. På så sätt nådde döden alla människor, eftersom alla hade syndat" (Rom. 5:12).

På grund av att alla har syndat står också alla människor med en skuld inför Gud. Denna skuld är så stor att ingen av oss kan betala den. Därför räcker det inte att vi har dött bort ifrån syndens makt och att vi har uppstått till ett nytt liv med Kristus. Vi behövde också bli av med vår skuld inför Gud. De goda nyheterna är att Jesus löste även det problemet på korset. Hur det gick till skall vi studera i detta kapitel.

Problemet med skuld

Vi stod alla som syndare inför Gud. *"Alla har syndat och saknar härligheten från Gud"* (Rom. 3:23). Bibeln är mycket tydlig med att alla behöver förlåtelse för sina synder, och att ingen människa själv kan försona sin synd. Människans skuld inför Gud är verklig och i nästa kapitel ska vi se närmare på att lagen gavs för att visa på att alla människor står i skuld inför Gud och är i behov av frälsning (Rom. 3:19-20). Vårt problem var inte enbart att vi befann oss under syndens välde. Det som följde av detta faktum var nämligen att eftersom vi hade syndat och brutit mot Guds lag hade vi en stor skuld till Gud. Den skulden kunde ingen människa betala och därför var hela mänskligheten på väg att gå förlorad. Det hade inte räckt att vi hade befriats från syndens makt, eftersom vi fortfarande en skuld som måste betalas. Tack och lov erbjöd Gud oss en utväg ur detta dilemma genom att sända Jesus Kristus till jorden. Han betalade vår skuld och utplånade alla våra synder, när han dog för oss på korset.

Jesus betalade vår skuld och utplånade våra synder

"Ni var döda genom era överträdelser och er oomskurna natur, men också er har han gjort levande med Kristus. Han har förlåtit oss alla överträdelser och utplånat skuldebrevet som vittnade mot oss med sina krav. Det tog han bort genom att spika fast det på korset" (Kol. 2:13-14).

Guds vilja för oss är att vi ska leva fria från synden, men Bibeln säger att alla har syndat och saknar härligheten från Gud. Vi stod alla med skuld och förtjänade att straffas för våra synder. Men genom sitt försonande verk på korset har Jesus inte bara tagit vårt straff utan också borttagit och förlåtit alla våra synder. Han utplånade vår skuld och synderna som talade emot oss genom att nagla fast dem på korset.
Ett av de underbara löften Gud har givit oss rörande detta hittar vi i Hebreerbrevet: *"jag ska i nåd förlåta deras missgärningar och aldrig mer minnas deras synder"* (Heb. 8:12 se även Hebr. 10:17).

Detta är möjligt på grund av att Jesus har försonat oss med Gud. Detta gjorde han genom att dö i vårt ställe, ta straffet för synden på sig och bli vår ställföreträdare. Jag kommer ihåg hur mäktigt denna uppenbarelse drabbade mig när jag tog emot frälsningen. Jag satt på bussen på väg till skolan veckan efter att jag blev frälst och gömde mitt ansikte under min luvtröja; tårarna bara strömmade nedför kinderna, eftersom jag visste att jag renats på insidan. Orenheten och skulden från mitt tidigare liv hade för alltid sköljts bort genom Jesu blod. Jag kände mig så ren och fri att jag grät av tacksamhet till Jesus. Så är det för oss alla som är i Kristus. Det spelar ingen roll vad du har gjort och hur mycket skuld du har samlat på dig inför Gud. När du blev frälst försvann allt detta genom Jesu Kristi försoningsverk.

Vi är försonade med Gud genom Jesus Kristus

"Allt kommer från Gud, som har försonat oss med sig själv genom Kristus och gett oss försoningens tjänst. Gud var i Kristus och försonade världen med sig själv. Han tillräknade inte människorna deras överträdelser, och han har anförtrott oss försoningens ord" (2 Kor. 5:18-19).

Skulden är betald, därför är vi inte längre skyldiga inför Gud. Det är faktiskt så att Jesus har tagit på sig hela världens synder. Vi ska senare titta närmare på vad detta innebär när det gäller vårt uppdrag att predika evangeliet. Men det är alltid uppmuntrande att påminna sig om att Jesus var framgångsrik i sitt uppdrag att försona världen med Gud. *"Se Guds Lamm som tar bort världens synd"* (Joh. 1:29).

Vi måste förstå att vi inte längre står i skuld inför Gud, eftersom Jesus har tagit bort vår synd. För att bli fri från skuld behöver vi förstå att Kristus fullständigt utplånat våra synder och att vi nu är helt och hållet förlåtna. Fienden vill få oss att tvivla på detta och pressa in oss i ett ständigt syndamedvetande. På det sättet försöker den onde att binda oss i nederlag, fördömelse och tvivel på Guds kärlek. Som en följd av detta fångas vi i frustration och misslyckande. Jag har lärt mig att när jag börjar uppleva hur mitt kristna liv blir en börda så är det oftast för att jag har fastnat i fördömelse. Men då vet jag var lösningen finns. Jag springer till Jesus för att få en förnyad uppenbarelse av Hans underbara nåd!

Alla våra synder är redan förlåtna

"Mina barn, detta skriver jag till er för att ni inte ska synda. Men om någon syndar, har vi en som för vår talan inför Fadern: Jesus Kristus, den rättfärdige. Han är försoningen för våra synder, och inte bara för våra utan också för hela världens" (1 Joh. 2:1-2).

Alla våra synder har blivit förlåtna, såväl i det förflutna, som i nutid och i framtiden. Vi kan fundera över hur det är möjligt att till och med synder som vi kommer att begå i framtiden har blivit förlåtna i Kristus. Vi kommer nog aldrig helt förstå hur detta har gått till, men vi borde vara oändligt tacksamma att det verkligen är så. När Jesus dog för oss på korset, så låg ju alla synder, för oss som lever nu, i framtiden. Detta visar oss att Gud har förmågan att se bortom tid och rum och därmed kunna förlåta även de synder som inte begåtts än. Kontentan av detta är att vi är fullständigt förlåtna och när vi tog emot Jesus som vår Frälsare, så blev vi helt och hållet renade från alla våra synder genom hans blod. Petrus uttrycker det så här:

"Om honom vittnar alla profeterna att var och en som tror på honom får syndernas förlåtelse genom hans namn" (Apg. 10:43)

Alla våra synder – både i förfluten tid, nutid och i framtid – har tagits bort. Vi har nu gjorts rättfärdiga och heliga, och detta hände när vi tog emot Jesus som vår frälsare. Genom sin död och uppståndelse har Jesus skänkt oss ett skuldfritt liv, fullständigt befriat från syndamedvetande. Eftersom Jesus redan har tagit itu med synda-problemet, är vi nu fria att leva vårt liv, förvissade om att vi är rättfärdiga och fullständigt förlåtna. Detta på grund av det verk som Jesus Kristus fullbordat för oss. Korset visar oss hur Guds kärlek ser ut och det stora värde varje enskild människa har inför Gud.

"Detta är kärleken: inte att vi har älskat Gud, utan att han har älskat oss och sänt sin Son till försoning för våra synder" (1 Joh. 4:10).

Guds hjärta och hans innerliga kärlek framträdde i all sin vidd på korset, där Jesus Kristus var villig att dö för att försona oss med Gud. Varje gång jag behöver förnyas i min kärlek till Gud tar jag mig tid att begrunda det som hände på korset. Gång på gång påminns jag då om hur mycket Fadern älskar mig och det ofattbara pris han betalde för min återlösning. Min kärlek till Gud och min överlåtelse till honom förnyas då och stärks när jag fokuserar på Hans underbara kärlek och nåd.

Hur ska vi då göra med bekännelsen av synd?

"Om vi bekänner våra synder, är han trofast och rättfärdig så att han förlåter oss våra synder och renar oss från all orättfärdighet" (1 John 1:9).

Om alla våra synder redan blivit förlåtna, hur gör vi då med bekännelsen av synd? Som vi redan sett behöver Gud egentligen inte vår uttalade bön om förlåtelse för våra synder. Ur Guds perspektiv är synden inte längre något problem, eftersom Jesus redan tagit på sig straffet för alla människors synder.

Men detta hindrar inte att det är mycket viktigt *för oss* att bekänna våra synder inför Gud. Det förbereder oss nämligen för att ta emot den förlåtelse som Jesus har vunnit för oss och bli befriade från bördan av skuld. Att bekänna synder och ta emot förlåtelse är viktigt för vår skull, Gud behöver det inte. Hans sätt att relatera till oss förändras inte beroende på om vi har bekänt våra synder inför honom eller inte, men det förändrar vårt sätt att relatera till Gud. Obekänd synd orsakar skuld och fördömelse och gör det mycket svårt att leva som en frimodig kristen. Vi behöver närheten till Gud som kommer av att vi blir av med skuld och kan stå upp och gå vidare på Guds väg.

Jag har många gånger suttit ned med någon av mina mentorer eller en förebedjare och bekänt min synd. Detta har varit en stor förmån för mig och jag har aldrig upplevt det som ett lagiskt krav. Tvärtom har upplevelsen av att få lyfta fram mina misslyckanden i ljuset och få lämna dem vid korset gett mig flera påtagliga och livsförvandlande möten med Faderns kärlek. Dessa upplevelser har betytt oerhört mycket för mig.

Att bekänna synd är också ett sätt att ödmjuka oss inför Gud. Ödmjukhet förlöser alltid Guds nåd och tar oss vidare till en ny nivå i vår relation till Gud. *"Klä er i ödmjukhet mot varandra, för Gud står emot de högmodiga men ger nåd åt de ödmjuka. Ödmjuka er därför under Guds mäktiga hand, så ska han upphöja er när tiden är inne* (1 Petr. 5:5-6). Vi har fått privilegiet att uppleva frihet från skuld och fördömelse genom Jesus Kristus, och det bästa sättet att hedra det Jesus gjorde för oss är att bejaka den friheten fullt ut!

Religion och falsk skuld

All skuld som troende bär på är inte en verklig skuld. När troende har vuxit upp i en lagisk miljö, där de uppfostrats med att nästan allt är synd, kan de tro att de begått en massa hemska synder. Men ofta är sanningen att de konfronteras med religiös skuld. Det verkliga problemet är i de fallen ett överkänsligt samvete som skadats av religiositet. Evangeliet har en bra lösning på den sortens problem: *"...hur mycket mer ska då inte Kristi blod rena våra samveten från döda gärningar till att tjäna den levande Guden?"* (Heb. 9:14). Ett samvete, som blivit programmerat av religion, är ett samvete som besudlats av döda gärningar. Men Kristi blod renar våra samveten från döda gärningar genom att befästa oss i den verklighet som den totala förlåtelsen i Kristus erbjuder. Vi behöver alla stundtals bli rehabiliterade från ett religiöst tänkesätt. Det är den helige Ande som åstadkommer detta genom att betona för oss det faktum att genom Jesu blod har vi en gång för alla blivit helgade (Hebr. 10:10). Vi behöver ha en fast grund lagd i våra liv i medvetandet om hur totalt och fullständigt Kristus tog bort våra synder och att vi nu är fullkomligt förlåtna.

Att leva i uppenbarelse om syndernas förlåtelse är grundläggande för allt kristet liv. *"Jag skriver till er, barn: era synder är förlåtna för hans namns skull"* (1 Joh. 2:12). Aposteln Johannes deklarerar i denna text det som borde vara den grundläggande sanningen för en kristen som nyligen blivit född på nytt, nämligen medvetandet om syndernas förlåtelse. Anledningen till detta är att så snart denna uppenbarelse kommit på plats så kommer det inte att finnas något utrymme för ett felaktigt syndamedvetande i den troendes liv.

"Deras synder och överträdelser ska jag aldrig mer minnas. Och där synderna är förlåtna behövs det inte längre något syndoffer" (Hebr. 10:17-18). Vi behöver då inte längre tänka på våra tidigare synder eller försöka gottgöra dem. De har redan blivit så totalt undanröjda att Gud inte längre kommer ihåg dem. Och om vi vill vara kristuslika så behöver vi också glömma dem precis som Jesus har gjort. Det finns ingen fördömelse för oss som är i Kristus Jesus.

Åklagaren har tystats

"Ni var döda genom era överträdelser och er oomskurna natur, men också er har han gjort levande med Kristus. Han har förlåtit oss alla överträdelser och utplånat skuldebrevet som vittnade mot oss med sina krav. Det tog han bort genom att spika fast det på korset. Han avväpnade härskarna och makterna och gjorde dem till allmänt åtlöje när han triumferade över dem på korset" (Kol. 2:13-15).

Vi har redan nämnt denna bibeltext, men vi behöver titta på det igen för att inse att när våra synder blev förlåtna och fastspikade vid korset så blev djävulen besegrad och avväpnad. Vi kommer att gå djupare in i hur Jesus besegrade djävulen och mörkrets välde längre fram i boken, men i det här sammanhanget är det viktigt för oss att förstå hur detta hör ihop med förlåtelsen av synd.

"Nu tillhör frälsningen och makten och riket vår Gud och väldet hans Smorde, för våra bröders åklagare är nerkastad, han som dag och natt anklagade dem inför vår Gud. De övervann honom genom Lammets blod och genom sitt vittnesbörds ord, de älskade inte sitt liv så högt att de drog sig undan döden" (Upp. 12:10-11).

Så länge som vi hade synd i våra liv hade djävulen laglig rätt att tynga ner och plåga oss. Han är *"våra bröders åklagare"* och kan med rätta anklaga oss för att ha brutit mot Guds lag och därför förtjänar straff.

Det ord som översätts med *"djävulen"* i Nya testamentet är det grekiska ordet *diabolos*, som betyder *falsk anklagare* och *baktalare*. Detta är hans karaktär, han använde tidigare Guds lag för att anklaga oss och vi befanns skyldiga varje gång. Men Jesus borttog alla våra synder genom att ta på sig straffet för dem och försona oss med Gud. Han naglade fast vår skuld till korset och därför är vi nu skuldfria.

Detta gör alla fiendens anklagelser totalt irrelevanta, eftersom han inte längre har någon laglig rätt att anklaga oss. I praktiken har han blivit arbetsbefriad, eftersom Jesu blod har tystat varenda en av hans anklagelser. Detta innebär att djävulen inte längre har någon laglig rätt att anklaga oss. Därför måste han agera genom bedrägeri och lagiskhet för att försöka få oss att känna fördömelse. Fienden använder religionen för att förminska betydelsen av vad Jesus gjorde för oss på korset. Detta är anledningen till att vi verkligen behöver studera och skaffa oss en förståelse av hur vi blivit totalt förlåtna och befriade från fördömelse. När vi blivit rotade i detta faktum, kommer vi att kunna avslöja fiendens lögner varje gång.

Ingen fördömelse längre

"Så finns nu ingen fördömelse för dem som är i Kristus Jesus. Livets Andes lag har i Kristus Jesus gjort mig fri från syndens och dödens lag" (Rom. 8:1-2).

I det nya förbundet är våra synder förlåtna och all vår skuld borttagen. Detta innebär att det inte längre finns något utrymme för fördömelse i en troendes liv. Hos

Jesus finns ingen fördömelse, och om vi lever under fördömelse så beror det alltid på att vi lyssnat till fel röster. Religionen vill säga oss att det är bra att uppleva fördömelse när vi syndat, men detta är raka motsatsen mot hur Jesus hanterade fördömelse. I Johannes evangelium berättas det om hur Jesus behandlade en kvinna som fariséerna fört fram till honom. Kvinnan anklagades för äktenskapsbrott sedan hon varit otrogen. Jesus sa till kvinnan: *"Inte heller jag dömer dig. Gå, och synda nu inte mer!"* (Joh. 8:11). Notera att Jesus inte sa: "jag fördömer dig ända tills du inte syndar på detta sätt mer." Jesus visste nämligen att en av anledningarna till att människor fortsätter leva i synd är att de känner sig fördömda.

Fördömelse binder människor i synd och skuld, och det borde aldrig tynga ner en troende. För att verkligen bli fria och gå vidare utan att synda mer på ett visst område, är det viktigt att först vara medveten om att Jesus inte fördömer oss. Som Paulus skriver så finns det ingen fördömelse för oss som är i Kristus Jesus. Paulus slog inte fast detta enbart som en teologisk lärosats. Nej, det grundade sig i hans egen personliga erfarenhet av att vara i Kristus. Detta är viktigt för oss att förstå, för Bibeln skrevs nämligen inte för att bara presentera en lära. Den skrevs genom människor som levde i väckelse, och avsikten var att läsarna själva skulle få en personlig uppenbarelse av innebörden av det som skrevs. Bibelns sanningar och uppenbarelser är alltid avsedda för att åstadkomma förvandling genom att föra in oss i en upplevelse av Guds hjärta.

Ett hjärta som inte fördömer oss

"Om vårt hjärta fördömer oss, så är Gud större än vårt hjärta och vet allt. Mina älskade, om vårt hjärta inte

fördömer oss, så har vi frimodighet inför Gud, och vad vi än
ber om, det får vi av honom eftersom vi håller hans bud och
gör det som gläder honom" (1 John 3:20-22).

Aposteln Johannes säger här att ibland kan vi tillåta fördömelse i våra hjärtan. Det är något som vi alla har upplevt vid något tillfälle, och frukten av det är välbekant för många av oss. Fördömelse gör oss självcentrerade i och med att vi tror att vi behöver sköta oss bättre för att duga inför Gud. Den gör att vi känner oss skyldiga och tror att vår kristna utveckling är beroende av våra egna ansträngningar. När vi lever med ett hjärta som fördömer oss så kommer det alltid sluta med att vi tror att vi inte duger och inte förtjänar Guds välsignelser. Detta leder i sin tur till ännu fler nederlag, med ännu mer påföljande fördömelse. Lösningen är att lyssna till Guds röst eftersom han är större än våra hjärtan och vet allt. Han försäkrar att det inte finns någon fördömelse för oss och att vi är fullständigt förlåtna. Den helige Ande älskar att påminna oss om detta.

Jag har försökt göra det till en vana att när jag kämpar med fördömelse be den helige Ande påminna mig om Kristi fullbordade verk. Att påminna oss om vår rättfärdighet i Kristus är en del av den helige Andes arbetsbeskrivning (Joh. 16:10). Frihet från fördömelse ger oss trygghet i vår Gudsrelation, vilket leder till ett segerrikt böneliv. Som jag tidigare slog fast är inte detta bara teologiska ståndpunkter, utan det är andliga sanningar. Vår inställning till dessa avgör om vi kan leva ett segerrikt andligt liv eller inte.

Förtröstan och frimodighet i vår relation till Fadern

"Bröder, i kraft av Jesu blod kan vi därför frimodigt gå in i
det allra heligaste på den nya och levande väg som han

öppnat för oss genom förhänget, det vill säga sin kropp" (Hebr. 10:19-20).

Vi läste just att så länge våra hjärtan inte fördömer oss, kan vi med full tillförsikt komma inför Gud. I den här texten ser vi att Jesu blod ger oss frimodighet att komma in i Guds närvaro. På grund av Kristi blod kan vi komma inför Gud som om vi aldrig hade syndat. Jesus öppnade en ny och levande väg som ger oss rätt till att ständigt komma inför Gud. Vilken betydelse har Jesu blod för att ge oss denna tillförsikt och frimodighet? Vi hittar svaret när vi läser de följande verserna i kapitel 10 i Hebreerbrevet.

"Vi har en stor överstepräst över Guds hus. Låt oss därför gå fram med ärligt hjärta i trons fulla visshet, med hjärtat renat från ont samvete och med kroppen badad i rent vatten" (Heb. 10:21-22)

Vi ser här att Jesu blod renar våra samveten från skuld, eftersom hans blod symboliserar det faktum att alla våra synder är förlåtna. Därför finns det inte längre någon plats för skuld i våra liv. Som vi läste tidigare behöver vi inte längre kämpa med skuld och döda gärningar. Vi får ha en frimodig och förtröstansfull relation med Gud.

Att komma med frimodighet fram till nådens tron

"Vi har inte en överstepräst som inte kan ha medlidande med våra svagheter, utan en som har varit frestad i allt liksom vi fast utan synd. Låt oss därför frimodigt gå fram till nådens tron för att få barmhärtighet och finna nåd till hjälp i rätt tid" (Heb. 4:15-16).

Jesus Kristus har upplevt samma frestelser och lidanden som alla människor gör, men skillnaden är att Jesus levde ett liv utan synd. Därför kan vi med frimodighet komma till honom. Hans tron är en nådens tron, där vi får barmhärtighet. När vi syndat ger Jesus oss inte vad vi förtjänar. Han ger oss i stället den förlåtelse och upprättelse som han vunnit åt oss, genom sin död och uppståndelse. Vi finner också barmhärtighet till hjälp i rätt tid. Kom ihåg att nåden är Guds aktivt verkande kraft som förvandlar våra liv och hjälper oss att leva i seger. Eftersom vi inte längre är skyldiga, kan vi nu med frimodighet komma inför Guds tron och hela tiden ta emot den förvandlande kraften i hans nåd.

Det är trösterikt att veta att Jesus är full av medlidande och barmhärtighet. Eftersom han har levt här på jorden och delat våra mänskliga villkor full ut, så vet han vad det är att prövas och frestas av synd. Jesus övervann alla prövningar och frestelser, eftersom han aldrig syndade, men han vet också att vi inte alltid gör det. Jesus har tålamod med oss och hans tron är en nådens tron, dit vi får komma för att ta emot barmhärtighet och nåd till hjälp mitt i kampen. Vår himmelske Fader är på vår sida, och Han står med oss hela vägen.

Ett liv av frimodighet och seger

Frihet från syndens makt och förvissningen om att vi är fullständigt förlåtna är grunden för att leva ett segerrikt och framgångsrikt kristet liv. Det är omöjligt att ha frimodighet och förtröstan inför Gud om vi är tyngda av skuld och fördömelse. Genom Kristus har vi blivit befriade från en sådan livsstil och vi har ständigt tillträde till nådens tron. Ju mer vi befästs i den sanningen desto mer kommer vi att förvandlas genom Guds nåd. Så låt oss med frimodighet komma inför nådens tron, och låta Fadern överösa oss med sin barmhärtighet, och ta emot hans nåd så att vi kan leva det liv som Gud vill att vi ska leva.

KAPITEL 3: BEFRIAD FRÅN LAGENS KRAV

I de två inledande kapitlen såg vi på hur vi har blivit lösta, både från syndens makt, och vår syndaskuld inför Gud. Igenom det Jesus gjorde på korset finns full frihet från synden. På samma sätt som vi dog bort från synden med Kristus, har vi också dött bort från lagen. Vi lever inte längre efter dess krav och bud, utan genom Kristi liv. Jesus själv vill leva sitt liv igenom oss, och det är drivkraften i nya förbundet. För mig blev denna uppenbarelse en stor befrielse, eftersom jag levde med mycket självpålagda krav och satt fast i en prestationsbaserad relation med Gud. Livet i anden blev så mycket lättare när jag kunde slappna av och låta Jesus göra verket igenom mig.

Vi är lösta från lagens krav

"Så har också ni, mina bröder, genom Kristi kropp dödats från lagen så att ni tillhör en annan, honom som har uppstått från de döda, för att vi ska bära frukt åt Gud" (Rom. 7:4).

När vi blev korsfästa med Kristus dog vi också bort ifrån lagen och dess krav. Detta var nödvändigt för att vi skulle bära frukt för Gud. För att förstå varför detta måste hända måste vi känna till Guds avsikt med att ge lagen. Idag finns det mycket förvirring i Kristi kropp när det gäller detta ämne. Men när vi väl förstår syftet med att lagen gavs så kommer vi att uppskatta anledningen till att Gud gav lagen. Vi kommer också glädja oss över den välsignelse som det innebär att vi har blivit frigjorda från lagen och nu leva under nåden.

Nådens förvandlande kraft kommer inte verka i all sin fullhet i oss förrän vi kommer bort från en lagisk kristendom och vår tro förankras i Guds nåd. Det var aldrig Guds avsikt att vi skulle leva under lagen. Guds mening var att vi skulle leva förvandlade liv genom en levande relation med Jesus Kristus. Lagen blev given för att övertyga oss om att vi behövde Kristus, men när vi väl blivit frälsta hade lagen gjort sitt. *"Innan tron kom hölls vi instängda och bevakade av lagen tills tron skulle uppenbaras. Så blev lagen vår övervakare fram till Kristus, för att vi skulle förklaras rättfärdiga av tro. Men när tron väl har kommit står vi inte längre under någon övervakare"* (Gal. 3:23-25).

Lagens syfte

"Men vi vet att allt som lagen säger är riktat till dem som står under lagen, för att varje mun ska tystas och hela världen stå skyldig inför Gud. Ingen människa förklaras rättfärdig inför honom genom laggärningar. Vad som ges genom lagen är insikt om synd" (Rom 3:19-20).

Anledningen till att lagen gavs var inte att vi människor skulle lyckas leva ett rättfärdigt liv genom att hålla fast vid den. Nej, lagen gavs för att visa dem som inte tror att det inte finns någon möjlighet för dem att behaga Gud genom sina egna verk. Lagen skulle klargöra att världen är i ett så stort behov av frälsning. Lagen är helig, ren och god (Rom. 7:12). Den kommer alltid fullfölja sin uppgift, vilken är att övertyga människor om att de är syndare och ge upp tron på att de kan frälsa sig själva. Lagen omintetgör varje hopp hos oss att bli frälsta, utom genom en frälsare. Med andra ord så visar lagen oss att vi behöver Jesus. Men lagen saknar förmågan att förvandla oss. Faktum är att lagen gavs för att synden skulle överflöda (Rom. 5:20). Detta framstår säkert lite konstigt för en del eftersom det verkar logiskt att anledningen till att Gud gav lagen var att vi skulle hålla den. Men Gud hade en mycket tydlig och viktig anledning till att lagen behövdes.

Syndens makt kommer av lagen

"Dödens udd är synden, och syndens makt kommer av lagen. Men Gud vare tack som ger oss segern genom vår Herre Jesus Kristus!" (1 Kor. 15:56-57).

Gud gav lagen för att klargöra vilken makt som synden har över våra liv så att vi skulle inse att vi inte i egen kraft förmår leva på det sätt som Gud förväntar sig. Som en följd av detta ville Gud få oss at förstå att verkliga seger över synden endast är möjlig genom Jesus Kristus. Här finner vi förklaringen på varför Paulus skriver att *"syndens makt kommer av lagen."* Jag har samtalat med många kristna som tror att predikande av lagen är lösningen; inte bara på moraliska misslyckanden i församlingen utan även på den sjunkande moraliska standarden i samhället. Detta kan tyckas logiskt men det är ett missförstånd. Den åsikten är nämligen byggd på antagandet att människan i grunden är god och att om den som misslyckats bara fick rätt kunskap och ansträngde sig tillräckligt hårt så skulle det gå bättre. Detta är den yttersta anledningen till att lagen verkar som den gör. Den betonar synden för att klargöra hur det i realiteten står till med vars och ens innersta liv. Denna insikt förväntas leda till att den som syndar förlorar hoppet om sig själv, och i stället vänder sig till Jesus för att finna barmhärtighet och frälsning.

"Jag arma människa! Vem ska rädda mig från denna dödens kropp? Gud vare tack, genom Jesus Kristus, vår Herre!" (Rom. 7:24-25). Alla som tar Guds lag på allvar

kommer att hamna i samma situation som Paulus beskriver. Det landar i en insikt att frälsning och förvandling genom lagen är omöjligt.

Lagen eliminerar alla ursäkter, så var och en står med skuld inför Gud. Deras synd, brist och alla deras illusioner om att vara bra människor, jämfört med andra blir avslöjade i mötet med lagen. Ingen blir frälst på grund av sin egen godhet. Lagen sätter fokus på synden för att klargöra varje människas hjälplöst syndiga tillstånd; detta för att förbereda dem för de goda nyheterna. Frälsning och förvandling finns tillgängliga för hela världen genom nåd och tro på Jesus Kristus.

Lagen och hedningarna

Nya testamentet delar upp mänskligheten i tre kategorier – judar, hedningar och de pånyttfödda troende. Hedning i detta sammanhang betyder någon som inte är jude så där är större delen av världens befolkning inkluderad. På *ett* sätt behövde inte dessa bli fria från lagen, eftersom hedningarna aldrig varit en del av det Gamla förbundet. Detta förbund slöts mellan Gud och Israel. Men även om det var så finns lagen skriven i varje människas hjärta och samvete. Därför vet alla människor instinktivt att de har syndat och att deras egen godhet inte räcker inför Gud.

"För när hedningar som inte har lagen av naturen gör vad lagen befaller, då är de sin egen lag trots att de saknar lagen. De visar att det som lagen kräver är skrivet i deras hjärtan. Om detta vittnar också deras samveten och tankar som sinsemellan anklagar eller till och med försvarar dem" (Rom. 2:14-15).

Det är sant att vi hedningar aldrig lydde under gamla förbundets lag. Men alla vi hedningar föddes ändå under syndens inflytande, besegrade och bundna av syndens makt. Guds lag fanns ändå skriven i vårt samvete; vi föddes med en intuitiv kunskap i våra hjärtan om vad som är rätt och fel. Så även om vi aldrig visste något om de tio budorden, så skulle Gud ändå hålla oss ansvariga utifrån vårt samvetes inre vittnesbörd.

Vi har alla varit skyldiga syndare inför Gud (Rom. 3:23). Den skuld som varje människa i någon utsträckning är medveten om är grunden till all religion. Varje människa föddes med en kunskap om rätt och fel och vi skapades alla för att tillbe Gud.

På grund av syndafallet har människans förståelse, både av Gud och vad tillbedjan är fördunklats och korrumperats. Utifrån människans fallna sinne har sedan ett oräkneligt antal religioner sedan uppstått. Genom mänsklighetens historia har oändligt många avgudar formats och orättfärdigt dyrkats.

De som har dyrkat dessa gudar har gjort alla möjliga ansträngningar för att blidka sina gudar att behandla dem med välvilja. Varje religion bygger på människors fåfänga ansträngningar att vinna favör hos en högre makt. Denna inställning är själva kärnan av lagiskhet. Trots att hedningarna aldrig varit inbegripna i det gamla förbundet, så är lagiskhet och religion djupt förankrade i varje människas hjärta och själ.

Vi har dött bort från lagen

"Jag har genom lagen dött bort från lagen för att leva för Gud. Jag är korsfäst med Kristus, och nu lever inte längre jag, utan Kristus lever i mig. Och det liv jag nu lever i min

kropp, det lever jag i tron på Guds Son som har älskat mig och utgett sig för mig" (Gal. 2:19- 20).

Som vi redan har sett så har vi dött bort från lagen för att leva för Gud. Att leva under lagen leder alltid till andlig död. Våra egna ansträngningar kan nämligen aldrig åstadkomma några andliga resultat. Synden blir alltid synlig genom lagen på ett sätt som utmynnar i död. Detta är anledningen till att Paulus beskriver tjänandet under lagen som en tjänst under död och fördömelse (2 Kor. 3:7-11). Lagen framhåller Guds fullkomliga krav och kräver därför fullständig lydnad. Om vi misslyckas med att hålla lagen i ett avseende så har vi misslyckats helt och hållet (Jak. 2:10).

Vi bryter inte endast lagen om vi syndar genom att göra något fel, utan även om vi misslyckas med att göra något vi vet är rätt. Att ingen kan leva på ett sådant sätt inser vi när vi studerar lagen. Genom att begå en enda synd blir vi skyldiga till alla. På det sättet tar Gud udden av vårt bedrägliga tänkande att vi i grunden är goda, och att om vi bara skärper oss en aning kommer vi helt säkert bli goda nog att accepteras av Gud. Sanningen är att resultatet av våra ansträngningar att leva under lagen blir ett liv av ständigt misslyckande och fördömelse. Därför ställer Petrus följande fråga till de troende som vill att hedningarna skall lära sig att hålla lagen:

"Varför vill ni då utmana Gud och lägga ett ok på lärjungarnas axlar som varken våra fäder eller vi själva har kunnat bära? Nej, vi tror att det är genom Herren Jesu nåd vi blir frälsta, vi på samma sätt som de" (Apg. 15:10-11).

De goda nyheterna är att vi har dött bort från lagen och är befriade från varje form av relation med den. Nu är vi uppståndna tillsammans med Kristus till ett helt nytt liv. Av nåd har vi blivit delaktiga av Jesu Kristi rättfärdighet, hans godhet och helighet. Kristus själv lever sitt liv igenom oss och när vi litar på att han gör verket igenom oss blir vi frälsta och förvandlade igenom Jesu Kristi liv (Rom. 5:10). Det är så vi bär Andens frukt och lever ut vår kallelse tillsammans med Jesus.

Befriade från lagiskhet

När Bibeln förklarar att vi blivit frigjorda från lagen, innebär detta inte enbart den lag som gällde i det gamla förbundet. Det innebär också att vi befriats från en religiös livsstil. Vi har konstaterat att nåd är Guds oförtjänta favör och vi behöver därför inte försöka vinna hans godkännande.

I Kristus har vi det redan. Så hur ser den kristna motsvarigheten av lagiskhet ut? Paulus ger en mycket bra beskrivning i Kolosserbrevet.

"Om ni med Kristus har dött bort från världens makter, varför beter ni er då som om ni levde i världen och böjer er under bud som 'ta inte', 'smaka inte', 'rör inte'? Allt detta gäller sådant som ska användas och förbrukas – det rör sig om människors bud och läror. Visserligen ser det ut som vishet, med självvald fromhet, 'ödmjukhet' och späkning av kroppen, men det har inget värde utan tillfredsställer bara det köttsliga sinnet" (Kol. 2:20-23).

Vi förstår av Paulus resonemang här att eftersom vi har dött med Kristus, så vore det en katastrof för oss att vända tillbaka till mänskligt konstruerade lagar. Detta skulle innebära att vi inte längre litade på att Kristus är vår rättfärdighet. I stället förlitar vi oss då på religiösa lagar för att bygga en relation med Gud. En sådan livsstil kan möjligen ha ett yttre sken av vishet och kanske även ödmjukhet. Men som vi redan har konstaterat kan religiösa lagar aldrig leda fram till ett helgat liv. Anledningen till att troende förfaller till lagiskhet är att de förlorat kontakten med Jesus. Hur urskiljer vi då skillnaden mellan sann andlig lydnad och lagiskhet som människor har utformat?

Religion försöker behaga Gud med gärningar

Ett tecken på att vi har halkat in i lagiskhet är att vi börjar utveckla ett tänkande som går ut på att ju mer vi gör för Gud, desto mera nöjd kommer han att bli med oss. Många tror att de kan förtjäna favör med Gud om de fastar och ber mer och tjänar troget i olika uppgifter. Men resultatet av det hela blir ett liv i lagisk träldom. Evangeliet frigör från ett sådant tänkande, eftersom Gud redan är nöjd med oss på grund av vad Jesus gjort. Guds nåd är helt oförtjänt och gratis, och vi har fått ett liv av full favör från Gud. Vi behöver be den helige Ande att gång på gång påminna oss om detta, så att vi kan leva i ett ständigt medvetande om vår frihet i Kristus.

Tidigare var jag en expert på dagliga laggärningar. Jag hade gjort en lång lista med andliga aktiviteter och åtaganden som jag trodde Gud förväntade sig av mig varje dag. Det jag skrivit upp på den listen var inte direkt fel i sig, men min drivkraft för att fullfölja uppgifterna var definitivt fel. Min tanke var att om jag troget följde listan jag skrivit så skulle Gud vara nöjd med mig. Men det enda som hände var att jag bara blev allt tröttare. Det var som att springa runt i ett ekorrhjul; jag rörde mig snabbt men kom ändå ingen vart. Tack och lov tog jag emot mer uppenbarelse om Guds nåd och insåg att han redan var nöjd med mig. Och när jag lärde mig att leva det inneboende livet av Kristus i mig så befriades jag från min kravlista. I stället utvecklade jag en levande relation med Gud, vilket är så mycket bättre. Vi är alla inbjudna att lägga av lagiskhetens tunga ok och gå in i en personlig relation med Herren. Detta är den enda tillgängliga vägen till den sanna vilan i Kristus.

Goda vanor ska vara ett uttryck för vår relation med Kristus

Goda vanor och andliga discipliner är tänkta att vara ett uttryck för vår gudsrelation. Personligen har jag utvecklat vanor som hjälper mig att förbli i min relation med Gud. Jag älskar att inleda min dag med att studera Bibeln, be och kanske också läsa en bok som bygger upp mitt andliga liv. Ibland fastar jag och jag älskar att ta bönepromenader. Men detta gör jag inte för att förtjäna ett rätt förhållande till Gud. Dessa vanor är mitt sätt att ta kvalitetstid med Fadern och ett sätt för mig att förbli i Guds kärlek (1 Joh. 4:16). Om jag skulle lägga av med dessa vanor så skulle jag ändå vara lika älskad och välsignad av Gud som jag någonsin kan bli. Men detta är mitt sätt att investera tid att fokusera på min relation med Herren.

När vi lär oss att leva vårt andliga liv genom Kristi inneboende liv i oss så kommer vår gudsrelation växa naturligt, på ett sätt som fungerar för oss. Målet är att växa i vår relation med Herren och att känna Faderns hjärta på ett djupare sätt. Min fru har en mycket intim relation med Gud, men sättet som hon lever ut sin relation med Kristus ser annorlunda ut än vad det gör för mig. Hon brukar för det mesta läsa Bibeln senare på dagen. Sin kvalitetstid med Fadern förenar hon med en praktisk syssla, som att arbeta i trädgården eller laga mat.

Hur en troende bygger sitt liv med Gud kan variera. Poängen är ändå att målet för oss är att alltid växa i intimitet med Gud, utan att fastna i religiösa regler för att vinna hans förtroende. Hur lång tid ska vi då be och läsa Bibeln under en dag? Mitt råd är att du dagligen äter av Ordet och dricker av det levande vattnet från hans närhet, ända tills att du är tillfredsställd och mättad av Guds nåd. Och när du lever ditt liv i gemenskap med honom, kom då ihåg att du redan blivit förklarad rättfärdig i Jesus Kristus. Du har hans fulla godkännande just nu!

KAPITEL 4: RÄTTFÄRDIG OCH VÄLSIGNAD I KRISTUS

Lagen uppenbarade synden i vårt liv, men evangeliet är goda nyheter. Det uppenbarar att vi nu är rättfärdiga, fria och välsignade igenom Jesus Kristus.

"Men nu har det uppenbarats en rättfärdighet från Gud utan lag, en som lagen och profeterna vittnar om, en rättfärdighet från Gud genom tro på Jesus Kristus för alla som tror. Här finns ingen skillnad. Alla har syndat och saknar härligheten från Gud, och de förklaras rättfärdiga som en gåva, av hans nåd, därför att de är friköpta av Kristus Jesus" (Rom. 3:21-24).

I förra kapitlet kunde vi slå fast att vi har blivit lösta från lagen för att i stället leva i gemenskap med Jesus och vår himmelske Fader. Det lagen krävde men inte kunde erbjuda har nu skänkts oss i Kristus Jesus. Vi har blivit rättfärdiggjorda fritt och för intet på grund av hans nåd. Bibeln beskriver såväl livet under lagen som att förbli i Kristus, i bilden av ett äktenskap (Rom. 7:1-4). Att leva under lagen kan liknas vid att vara gift med någon som kräver fullständig perfektion; någon som alltid har de rätta svaren och ständigt är villig att ställa dig till svars för dina fel och misstag, utan att själv vara villig att lyfta ett finger för att underlätta för dig. Det är lätt att förstå varför ett sådant äktenskap kommer att misslyckas och lämna den andra partnern förnedrad och fördömd.

Jesus är vår rättfärdighet

Det goda nyheterna är nu att vi dog bort ifrån vår relation med lagen när vi blev korsfästa med Kristus och nu är vi förenade med honom (1 Kor. 6:17). Av nåd har Jesus själv nu blivit allt vi behöver för att leva det liv som han förväntar sig av oss. Lagen uppmanade oss att vara rättfärdiga och heliga. Jesus uppfyllde det kravet genom att bli såväl vår rättfärdighet som vår helgelse (1 Kor. 1:30). Det är sant att Jesus förväntar sig samma fullkomlighet av oss, men den stora skillnaden är att han själv har uppfyllt lagen å våra vägnar.

Det gjorde han genom att leva ett fullkomligt rättfärdigt liv i vårt ställe och på korset erbjuda sin fullkomlighet till oss. Vi har helt gratis genom hans nåd blivit rättfärdiggjorda inför Gud. *"Han som inte visste av synd, honom gjorde Gud till synd i vårt ställe, för att vi i honom skulle bli rättfärdiga inför Gud"* (2 Kor. 5:21).

Vi behöver inte längre sträva i egen kraft för att få godkännande och favör av Gud. Vi har redan fått hans godkännande, som inte beror på våra gärningar, utan på den rättfärdighet Jesus vann åt oss på korset. Att ha blivit befriad från lagen betyder också att vi blivit befriade från alla negativa konsekvenser som följer med att vara träl under lagen. Detta är goda nyheter, eftersom lagen innebar en förbannelse för alla som misslyckas med att lyda den. Och om vi är ärliga måste vi erkänna att vi alla har misslyckats med att hålla lagen och att vi därför förtjänar förbannelse.

Friköpta från lagens förbannelse

"Kristus har friköpt oss från lagens förbannelse genom att bli en förbannelse i vårt ställe. Det står skrivet: Förbannad är var och en som är upphängd på trä. Så skulle välsignelsen som Abraham fått komma till hedningarna i Jesus Kristus, så att vi genom tron skulle få den utlovade Anden" (Gal. 3:13-14).

Vilken mäktig sanning det är att Kristus tog vår plats, när han dog på korset. Han blev en förbannelse för oss, och genom att friköpa oss från lagens förbannelse så förlöste han Abrahams välsignelse över oss.

Vi har nu blivit frigjorda, inte bara från lagen i sig, utan också från konsekvenserna av att inte lyda den. Lagens förbannelse inbegriper sjukdom, fattigdom, svält och död. Denna förbannelse skulle ha kommit över oss varje gång som vi misslyckats med att leva upp till lagens krav. Den förbannelsen tog Jesus på sig när han hängde på korset och därför kan vi aldrig bli förbannade. Vår himmelske Fader har i stället välsignat oss med alla andliga välsignelser i Kristus (Ef. 1:3). Vi är ett välsignat folk, som genom tron har tagit emot den helige Ande. Det är kraftfullt att veta att vi som nya skapelser är välsignade bortom varje förbannelse. Välsignelsen bryter makten i de negativa ord som uttalats över oss och de etiketter som satts på oss.

Själv hade jag accepterat etiketterna "förkastad" och "oönskad" som en del av min identitet. Detta berodde på tidigare erfarenheter och sårande ord som talats ut över mig. Dessa etiketter blev sedan till förbannelser som präglade mig. Men jag fick då insikt om att Kristus brutit dessa förbannelser på korset och välsignat mig bortom varje förbannelse. Då kunde jag i stället ta till mig de sanningar som Fadern hade uttalat över mig som min egentliga identitet, nämligen att jag är välsignad och önskad av Gud. Många troende människor lever sina liv med en känsla av att vara under förbannelse och bär därför en identitet av brustenhet, men sanningen är ju att i Kristus har vi blivit välsignade och upprättade.

Vi är välsignade söner och döttrar till Gud

"...men när tiden var inne sände Gud sin Son, född av kvinna och ställd under lagen, för att friköpa dem som stod under lagen så att vi skulle få söners rätt" (Gal. 4:4-5).

När vi talar om hur vi blivit gjorda till Guds rättfärdighet i Kristus fastnar vi lätt i ett juridiskt språk. Det är också helt förståeligt, eftersom Bibeln beskriver det Nya förbundet i sådana termer. Men anledningen till att Gud gjort detta för oss, är att han är vår Far. Han vill ha barn som blomstrar och njuter helt och fullt av allt det som det Nya förbundet erbjuder. Vi har blivit rättfärdiggjorda i Kristus, och därmed är vi också Guds barn, som lever i en personlig relation med vår himmelske Far. Fadern har alltid velat ha en familj och i Kristus friköpte han oss fritt och för intet genom sin nåd och gav oss söners och döttrars rätt.

"Han har utvalt oss i honom före världens skapelse till att vara heliga och fläckfria inför honom. I kärlek har han förutbestämt oss till barnaskap hos honom genom Jesus Kristus, efter sin goda viljas beslut, till ära och pris för den nåd som han har skänkt oss i den Älskade" (Ef. 1:4-6).

Detta var således Guds plan redan före världens skapelse, vilket har ett antal mycket avgörande följdverkningar. Mitt eget liv är ett vittnesbörd om vad som händer när en nedbruten människa drabbas av Faderns kärlek. Jag växte upp med en frånvarande pappa. Han var drogmissbrukare och behandlade min mamma illa. Han försvann ut ur våra liv när jag bara var en baby. Från ett års ålder ända till min fars död, såg jag honom bara en enda gång. Jag växte upp med vetskapen om att han hade förkastat mig. Detta faktum skapade ett djupt sår i mitt liv, vilket påverkade min tonårstillvaro på ett mycket destruktivt sätt. Jag plågades av mycket förkastelse och ångest under dessa år. När jag sedan blev frälst fick jag lära känna min himmelske Far på ett personligt plan. Jag fick då klart för mig att långt innan min jordiske far förkastat och övergett mig, hade min himmelske Far redan tagit emot mig. Han hade under lång tid sett fram emot den dag då jag skulle födas. Min himmelske Far har alltid velat ha en personlig relation med mig. Detta faktum har inneburit ett djupt helande och upprättelse i mitt inre. Detta är Guds förvandlande nåd i verksamhet. Genom gemenskapen med Fadern har fullständigt helande och upprättelse möjliggjorts. Det spelar ingen roll hur djupt du än blivit sårad; Guds helande kärlek går ännu mycket djupare.

Min pappa dog för många år sedan, men innan han gick bort hörde han av sig till mig på telefon. Under det samtalet bad han om förlåtelse för hur illa han hade sårat mig. Han vittnade även om att han hade blivit frälst. Han hade fått ett starkt möte med Jesus och detta gjorde stort intryck på mig. Det var faktiskt genom detta samtal med pappa som en process började i mitt eget hjärta, som gjorde att jag senare bjöd in Jesus i mitt liv som frälsare och Herre. Jag insåg att om Jesus kunde förvandla min pappas hjärta, så måste han vara på riktigt. Min pappas möte med Jesus är ett starkt vittnesbörd om Guds kärlek. Oavsett hur illa det har gått i livet, så finns det alltid förlåtelse och upprättelse hos Jesus. Vår Gud är verkligen full av både nåd och sanning.

Ett liv som bär bestående frukt

"Ni har inte utvalt mig, utan jag har utvalt er och bestämt er till att gå ut och bära frukt, och er frukt ska bestå. Då ska Fadern ge er vad ni än ber honom om i mitt namn" (Joh. 15:16).

När vi nu lever i gemenskap med Kristus, har vi utrustats med förutsättningar för att bära bestående frukt. Att bli utvald av människor kan ha sin betydelse, men värdet av att bli utvald av Gud överträffar allt annat. Han har bestämt om oss att vi ska bära förblivande frukt. Detta är hans vilja och välsignelse över våra liv. I tro får vi fritt ta emot förmågan till att bära frukt, enligt vad Jesus bestämt om oss. Då kommer vi att se förblivande frukt i våra liv, i och med att Guds favör öppnar dörrarna till det löftesland han berett för oss.

Alltför många troende lever i ett begränsat tänkande; inte bara när det gäller ekonomi utan också när det handlar om hur mycket frukt de förväntar sig. Ett sådant tänkande är mycket begränsande. Gud vill nämligen att vi ska förvänta oss en massa frukt av våra liv. Han har stora planer för oss och hans godhet som flödar över oss gör att hans drömmar för oss förverkligas. Låt oss förvänta oss och be om att få se mycket frukt förlösas genom våra liv. Så snart vi börjat tro på att vi är vår himmelske Faders barn som lever i hans favör så kommer vi att se en ökning av mirakler och genombrott i våra liv. Nya tillfällen att bära frukt och förkunna evangeliet kommer då att öppna sig för oss.

Fria från lagen, men hurdan är vår standard nu?

"Tack vare honom är ni i Kristus Jesus. För oss har han blivit vishet från Gud, rättfärdighet, helgelse och återlösning" (1 Kor. 1:30).

Vi har redan sett att nåden nu regerar i våra liv och att Guds verk i oss förvandlar oss (Rom. 5:21). Av nåd har Kristus blivit allt vad vi behöver och detta omfattar också vår helgelse. Vår status i det nya förbundet är att Kristus bor i oss och förvandlar oss inifrån och ut. I ett senare kapitel kommer vi att gå igenom att vi redan blivit fullkomliga i Kristus, och utifrån den positionen nu helgas genom den helige Andes kraft (Hebr. 10:14). Det är viktigt att inse att fastän vi är fria från lagens förbannelse så innebär inte detta att vi befrias från kallelsen att leva ett liv i helgelse. Vi helgas genom Kristi verk i oss och genom Guds kärlek som blivit utgjuten i våra hjärtan genom den helige Ande (Rom. 5:5). Kärleken är lagens uppfyllelse och vi får kraft att älska därför att han först har älskat oss (1 Joh. 4:19).

I det nya förbundet kommer ingen förändring utifrån att vi ändrar vissa yttre beteenden. Nej, förändringen kommer genom vår gemenskap med Jesus Kristus. Genom vår förening med honom kommer Faderns nåd och kärlek att förvandla våra hjärtan. Jesus Kristus klarar mycket bättre av att förvandla oss än religion någonsin kan. Vi kan tryggt konstatera att Jesus är den som bäst klarar av att frälsa och förvandla människor. Paulus kallar det för härlighetens hopp, detta att Kristus bor i oss och uttrycker sitt liv och sin kraft genom oss (Kol. 1:27). Detta är den enda möjligheten att leva ett kristet liv. Bara Jesus Kristus klarar av att leva det kristna livet fullt ut, och detta vill han göra genom oss.

Att leva under lagen gör att Kristi försoning inte får någon verkan i oss

"Till denna frihet har Kristus gjort oss fria. Stå därför fasta och låt er inte tvingas in under slavoket igen. Lyssna! Jag, Paulus, säger er att om ni låter omskära er, kommer inte Kristus att vara till någon hjälp för er. Jag försäkrar er igen: var och en som låter omskära sig är skyldig att hålla hela lagen. Ni har kommit bort från Kristus, ni som försöker bli rättfärdiga genom lagen. Ni har fallit ur nåden (Gal. 5:1-4).

I detta bibelsammanhang uppmuntrar Paulus oss att ta vara på vår frihet i Kristus. Om vi försöker leva ett kristet liv genom lagen, så kommer vi att gå miste om alla förmåner vi har i det nya förbundet. Detta innebär inte att vi förlorar vår frälsning, men att hålla sig till lagen kommer att ge samma resultat som alltid. Lagen kommer att visa på vår oförmåga att hålla den, och livet under lagen kommer alltid att leda till att vi fastnar i skam och fördömelse. Det gör det omöjligt för oss att leva i seger.

Detta är ingen liten fråga. Jag har mött många kristna som lämnat det kristna livet, cyniska, besvikna och uppgivna, på grund av att de försökt leva ett kristet liv baserat på lagiskhet och religion. Vi måste bestämma oss för att inte hamna under religiöst betryck och i stället hålla fast vid vår frihet i Kristus. Att utveckla en personlig relation med honom kommer alltid göra det kristna livet spännande och segerrikt. Vi behöver dagligen påminna oss om vår frihet i Kristus och de välsignelser vi har i honom. Då får hans försoning på korset full effekt i våra liv.

Detta innebär inte att leva i laglöshet

"Men vi vet att lagen är god, om man använder den rätt och inser att den inte är till för rättfärdiga utan för laglösa och rebeller, gudlösa och syndare, oheliga och oandliga" (1 Tim. 1:8-9).

Det händer ibland att människor missförstår betydelsen av att vara fri från lagen och menar att vi uppmuntrar till laglöshet, när vi undervisar om frihet från lagen. Men vi förespråkar verkligen inte en livsstil utan några gränser eller ordning. Vi lever vårt kristna liv genom Kristi inneboende liv och Guds kärlek, vilket Bibeln beskriver som livets Andes lag i Kristus Jesus (Rom. 8:1-2). Det är viktigt att känna till varför lagen gavs, för då kan den brukas på ett bra sätt. Som vi redan sett gavs lagen för att vi människor skulle bli medvetna om att vi behöver bli frälsta. Lagen syftar därför till att peka fram på Jesus Kristus.

"Alltså är lagen helig och budordet heligt, rätt och gott" (Rom. 7:12). Ja, lagen är helig, rätt och god, men den saknar förmåga att förmedla denna helighet till oss. Lagen gavs inte för att frälsa oss eller helga oss. Detta åstadkoms endast genom Jesu Kristi verk i oss, helt gratis, genom hans nåd. Det var detta som Paulus så fint uttryckte när han under sin första missionsresa predikade i en synagoga i Antiokia: *"Därför ska ni veta, bröder, att det är genom honom som syndernas förlåtelse förkunnas för er. Var och en som tror förklaras rättfärdig i honom och fri från allt som ni inte kunde frias från genom Mose lag"* (Apg. 13:38-39).

KAPITEL 5: BEFRIAD FRÅN DJÄVULENS MAKT

Så länge jag kan minnas, har jag alltid levt med en fascination för det övernaturliga. Innan jag blev frälst ledde detta mig in i ett sökande efter mening och läkedom i nyandlighet och ockultism. Efter det att jag mött Jesus insåg jag att de krafter som stod bakom detta kom från mörkrets rike. Då sökte jag i stället efter befrielse från de krafter jag hade öppnat upp mig för genom att hålla på med nyandlighet. Många troende delar min erfarenhet i detta. Evangeliet erbjuder en underbar lösning på detta, för Jesus har besegrat mörkrets makter och i sin nåd skänker han fullständig befrielse åt den som tror.

Frälst ifrån mörkrets välde

"Med glädje ska ni då tacka Fadern, som har gjort er värdiga att få del i det arv som de heliga har i ljuset. Han har frälst oss från mörkrets välde och fört oss in i sin älskade Sons rike" (Kol. 1:12-14).

På grund av att vi blivit korsfästa med Kristus och dött från synden har vi också blivit befriade från mörkrets makt. Djävulen använder synd för att fresta oss, fruktan för döden för att plåga oss och lagen för att anklaga oss. Men tack vare Jesu försoningsverk så har han blivit avväpnad och besegrad. Vi såg i ett tidigare kapitel hur djävulen förlorat sin lagliga rätt att anklaga och trycka ner oss i och med att Jesus tagit på sig våra synder. Det enda sätt som djävulen kan komma åt oss på nu, är att vi ger honom makt över oss genom att lyssna till hans bedrägliga lögner. Han älskar att få oss att leva som om Kristi kors inte skulle betyda något alls för oss. Det gör han genom att försöka övertyga oss om att vi fortfarande är fattiga och ömkliga syndare, utan andlig auktoritet och vår nya identitet i Kristus.

Men sanningen är att vi nu är frälsta av nåd och inte behöver vara omedvetna om fiendens planer (2 Kor. 2:11). Som jag redan nämnt betyder ordet djävul "den som anklagar falskt" och "förtalare". Detta är en bra beskrivning av hans sätt att arbeta, för hans strategi är alltid att göra oss modfällda genom sina religiösa lögner. För att förstå varför Jesus måste besegra djävulen måste vi ha klart för oss att Gud en gång gav auktoritet åt de första människorna. Men det tragiska var att Adam begick högförräderi genom att överlåta denna auktoritet till djävulen.

Gud gav auktoritet till människan

"Och Gud skapade människan till sin avbild, till Guds avbild skapade han henne, till man och kvinna skapade han dem. Och Gud välsignade dem och sade till dem: Var fruktsamma och föröka er, uppfyll jorden och lägg den under er. Råd över havets fiskar, himlens fåglar och alla djur som rör sig på jorden" (1 Mos. 1:27-28).

Gud skapade de första människorna till sin egen avbild och välsignade dem till att bli fruktsamma, att föröka sig och råda över jorden. Detta innebär att Gud gav Adam och Eva auktoritet att härska över jorden. Auktoritet betyder delegerad makt och auktoriteten är aldrig starkare än den makt som står bakom den. Eftersom Gud själv stod bakom den makt som han delegerade till Adam, så innebar det att människan gavs makt att råda över skapelsen i gemenskap med Gud.

Adam gavs makt att agera som Guds representant i denna värld och hans uppgift var att sköta och odla jorden. Han hade också ansvar för att skydda världen mot ondska. Detta var inte bara ett personligt uppdrag till Adam, utan det gavs till hela mänskligheten genom honom. *"Himlen är Herrens himmel, och jorden har han gett åt människors barn"* (Ps. 115:16). David skrev så här om människan: *"Du satte honom att härska över dina händers verk, allt lade du under hans fötter"* (Ps. 8:6). När Gud välsignade Adam och Eva så innebar den välsignelsen gudomlig förmåga att fullborda sitt gudagivna uppdrag att råda över jorden. De blev välsignade med delegerad auktoritet. De tog emot ett överflöd av nåd för att regera i liv.

Adam överlät sin auktoritet över jorden till Satan

"Genom en enda människa kom synden in i världen, och genom synden döden. På så sätt nådde döden alla människor, eftersom alla hade syndat" (Rom. 5:12).

Adam hade fått uppgiften att vakta lustgården, men han misslyckades med uppdraget och mänskligheten blev offer för synden (1 Mos. 3:1-7). Adam och Eva hade varnats av Gud att om de åt av frukten på kunskapens träd, på gott och ont, så skulle de dö. De dog inte fysiskt, men andligt, och hamnade utanför det intima livet med Gud. Hela mänskligheten blev drabbad när Adam syndade och därför är alla människor födda under syndens och dödens välde. Fallet innebar också att Adam överlät väldet över denna värld till djävulen. Adam begick högförräderi gentemot Gud när han överlät sin auktoritet till djävulen, som därmed blev den här världens gud (2 Kor. 4:4). Han hade ingen moralisk rättighet att begå högförräderi, men på grund av att han hade fått auktoritet över jorden av Gud, så hade han laglig rätt att ge den vidare. Därför har Satan rätt att vara den här världens gud tills hans tid är inne, vilket inträffar när Kristus kommer tillbaka.

Satan är nu den här världens Gud

Så snart som vi förstått detta, behöver vi inte längre fundera över varför Gud tillåter ondska och tragiska händelser i den här världen. Detta händer inte på grund av att Gud vill det utan för att Satan har laglig rätt att regera i denna värld. Paulus kallar Satan *"den här världens gud"* (2 Kor. 4:4), och aposteln Johannes konstaterar *"hela världen är i den ondes våld"* (1 Joh, 5:19). När Jesus utsattes för djävulens frestelser i öknen, gick en av frestelserna ut på att erbjuda Jesus alla riken i denna värld. *"Djävulen sade: Dig ska jag ge all denna makt och deras härlighet, för den är överlämnad åt mig och jag ger den till vem jag vill. Så om du tillber mig, blir allt ditt"* (Luk. 4:6-7).

Satan ljög inte i det här fallet, för om han hade ljugit hade det inte varit någon verklig frestelse för Jesus. Eftersom Adam överlämnade väldet över denna värld till djävulen var det en faktisk frestelse. Men Jesus föll inte för den frestelsen eftersom han visste att det bara fanns en enda väg för ett vinna tillbaka auktoriteten över denna värld på ett rättfärdigt sätt. Enda möjligheten var att gå korsets väg (Mark. 10:45).

Jesus äger all auktoritet i himlen och på jorden

"När nu barnen hade fått del av kött och blod tog han själv på liknande sätt del av detta, för att genom sin död göra den maktlös som hade makt över döden, alltså djävulen, och befria alla dem som av rädsla för döden levt i slaveri hela sitt liv" (Hebr. 2:14-15).

I sin död på korset vann Jesus en fullkomlig försoning för mänskligheten och tog tillbaka den auktoritet som Adam hade överlåtit till Satan. Jesus besegrade djävulen, vann seger över döden och därför kan han säga att han är den som givits all makt i himlen och på jorden (Matt. 28:18-20).

Jesus kallas den siste Adam, eftersom han i sitt försoningsverk omintetgjorde konsekvenserna av Adams syndafall. Detta är också anledningen till att Jesus kallas *"den andra människan"* (1 Kor. 15:45-47). Adam, den första människan, stod som representant för hela mänskligheten och genom hans fall kom alla människor in under syndens och dödens välde. Jesus Kristus, den andra människan, är huvudet för en ny mänsklighet, som består av pånyttfödda troende. Alla som är i Kristus har befriats från andlig död och gjorts levande med Kristus. Synden, döden och djävulen har ingen makt över den som är i Kristus Jesus. Vi har nu blivit friköpta och fått del av evigt liv genom Jesus Kristus.

Vi regerar i vårt nya liv med Kristus

"Men Gud som är rik på barmhärtighet har älskat oss med så stor kärlek, även när vi ännu var döda genom våra överträdelser, att han har gjort oss levande med Kristus. Av nåd är ni frälsta! Han har uppväckt oss med honom och satt oss med honom i den himmelska världen, i Kristus Jesus" (Ef. 2:4-6).

När vi blev födda på nytt, blev vi gjorda levande med Kristus. Vi har också uppstått med honom och sitter nu med honom i den himmelska världen, i en position av rådande och övervinnande liv. Den position av auktoritet som Adam överlämnade till djävulen har nu getts tillbaka till oss. Nu regerar vi i liv, genom Jesus

Kristus (Rom. 5:17). Tidigare regerade synden i våra liv genom döden, men nu när vi fått liv i Kristus, så regerar Guds nåd i oss genom rättfärdigheten (Rom. 5:21). Synden har nu förlorat sin makt över oss, och vi behöver inte längre leva, bundna av synden (Rom. 6:14). Synden är nu en besegrad fiende och i Kristus har vi auktoritet över den. Och eftersom vi har blivit frigjorda från syndens och dödens makt, så är vi också fria från djävulens makt. Nu råder och regerar vi med Kristus och har fått auktoritet över alla mörkrets makter.

Jesus delegerade auktoritet till sin församling

"Då trädde Jesus fram och talade till dem och sade: "Åt mig har getts all makt i himlen och på jorden. Gå därför ut ..." (Matt. 28:18-19).

När Jesus gav missionsbefallningen till sina lärjungar, så delegerade han den auktoritet han själv fått till oss. Därför är vi nu utsända till den här världen att predika evangeliet och med delegerad makt göra de gärningar som Jesus Kristus gjorde. I Markus evangelium kan vi läsa vad detta innebär. Jesus sa att när vi går ut i hans namn kommer tecken och under följa oss. Exempel på sådana tecken är att kasta ut onda andar, att stå under gudomligt beskydd och att bota sjuka genom att lägga våra händer på dem (Mark. 16:15-20). Vi har redan konstaterat att vi nu har auktoritet över synden och här ser vi att vi också har auktoritet över onda andar och sjukdomar.

Auktoritet över djävulen

"Jesus sade till dem [lärjungarna]: Jag såg Satan falla ner från himlen som en blixt. Se, jag har gett er makt att trampa

*på ormar och skorpioner och över fiendens hela välde.
Ingenting ska någonsin skada er"* (Luk. 10:18-19).

Andlig krigföring handlar inte om att vi ska vinna den
andliga striden i egen kraft. Det skulle vi aldrig klara
av. Men Jesus har redan segrat över djävulen och
avväpnat ondskans härskare och makter (Kol. 2:15).
Jesus besegrade dem alla på korset. Vårt jobb är att stå
fasta i den segern och predika frihet för de fångna.
Kristi kropp är en armé, men vi är inte en armé som
har till uppgift att vinna kriget. Nej, vi är en segrande
armé som följer vår Kung, Jesus, som redan vunnit
kriget. På korset övervann han och gjorde slut på alla
djävulens gärningar (1 Joh. 3:8).
Nu är det vår uppgift att proklamera Jesu triumf över
fienden genom att förkunna evangelium. Ibland
kanske vi tror att andlig krigföring handlar om att
vinna seger, men det är inte vårt jobb; det gjorde Jesus
på korset. Vårt jobb är att stå fasta i hans seger genom
tron.

Guds vapenrustning

*" Ta därför på er hela Guds vapenrustning, så att ni kan stå
emot på den onda dagen och stå upprätt när ni fullgjort allt.
Stå alltså fasta, med sanningen som bälte runt höfterna och
klädda i rättfärdighetens pansar. Bär som skor på era fötter
den beredskap som fridens evangelium ger. Ta dessutom
trons sköld, med den kan ni släcka den ondes alla brinnande
pilar. Ta emot frälsningens hjälm och Andens svärd, som är
Guds ord. Gör detta under ständig bön och åkallan och be
alltid i Anden. Var därför vakna och håll ut i bön för alla de
heliga"* (Ef. 6:13-18).

Här passar det bra att nämna om Guds vapenrustning,
eftersom vi talar om vår seger över djävulen. Paulus
uppmuntrar oss att ta på oss hela Guds vapenrustning

och därför är det viktigt för oss att förstå både vad vapenrustningen består av och hur vi sätter på oss den. Denna rustning är en bild av den seger och det beskydd vi har i Kristus. Varje del av rustningen visar på olika sidor av vem Jesus är och det arv som han vunnit åt oss genom korset.

Vi ska nu titta närmare på de olika delarna av den andliga rustningen för att förstå att vi har ett fullständigt och totalt beskydd när vi är i Kristus. Det är så viktigt att vi tillämpar dessa sanningar genom att förbli i honom:

- *Sanningens bälte* är det som håller resten av rustningen uppe. Jesus Kristus är själv sanningen och aposteln Johannes skriver om honom att han är full av både nåd och sanning (Joh. 1:14; 14:6). Endast Jesus kunde uppenbara vem Fadern är, och den identitet som vi förväntas ha som Guds barn, skapade till hans avbild (Joh. 1:17-18). Sanningens bälte beskriver också hur viktigt det är att vi känner till vår position i Kristus och att bygga våra liv på Guds Ord. Detta är en förutsättning för att vi ska kunna stå fasta mot djävulens listiga angrepp. Det är en av anledningarna till att det är så viktigt att vara befäst i sanningen genom att ha kunskap i Guds Ord. Sanningen, som uppenbarats för oss, kommer alltid göra oss fria, och den kommer också att hålla samman våra kristna liv som en helhet (Joh. 8:32, 36).

- *Rättfärdighetens pansar* är en bild på vår rättfärdighet i Kristus (2 Kor. 5:21). Pansaret beskyddade hjärtat och de mest vitala delarna av soldatens kropp, under striden. På samma sätt kommer uppenbarelsen om att vi har blivit rättfärdiggjorda i Kristus att beskydda alla de vitala delarna av vårt andliga liv (Rom. 3:21-26). När vi vet att vi inte längre lever under synden, utan har blivit renade och förlåtna genom Jesu blod, kommer det inte längre finnas någon plats för synd, ängslan och fördömelse (Rom. 8:1). När vi lever i den förvissningen kommer inte fienden längre kunna anklaga oss och binda oss i sina lögner. Vi är då fria att frimodigt vandra med Gud och våra hjärtan kommer att bli beskyddade genom Guds nåd.

- *Skorna – villighet att gå ut med budskapet om frid,* vilket ger styrka åt våra fötter att springa med evangeliet. En av de mest förödande situationer vi kan hamna i som troende är att bli passiva.
Då kommer vi att bli enkla offer för fiendens lögner och han kommer då att stjäla vision och syfte från oss så vi slutar i förvirring. Detta var vad som hände kung David när begick äktenskapsbrott med Bat-Seba. Han skulle ha lett sina arméer i krig, men han valde att stanna hemma och det slutade i kaos (2 Sam. 11:1-5). Det är när vi blir passiva som vi förlorar vårt fokus och förirrar oss bort från det uppdrag som Gud kallat oss till. Men när vi alltid har attityden att vara redo att föra ut evangeliet kommer vi att vara tillgängliga för Gud. Det gör oss fokuserade att hänge oss åt vårt uppdrag och vision (2 Tim. 4:1-2). Att alltid vara redo, i tid och otid, kommer att göra livet otroligt spännande,

samtidigt som vi behåller vårt fokus på Kristus.

- **Trons sköld** kommer att utsläcka alla fiendens brinnande pilar. Det handlar om att stå fasta i tro på Kristi seger över ondska; att tro och ta emot alla de välsignelser han vunnit åt oss på korset. Då kommer fiendens lögner och anklagelser inte kunna skada oss. Tro på Guds Ord är en sköld som inte går att tränga igenom. Fiendens brinnande pilar kommer att slockna varje gång de avfyras mot oss. Vår tro på Gud och hans Ord övervinner alltid världen (1 Joh. 5:4).

- **Frälsningens hjälm** beskyddar våra sinnen. Vi är kallade att leva i sinnets förnyelse. En stor del av detta är att vara förankrade i den stora och härliga frälsning som Fadern skänkt till oss genom sin Son (Rom. 12:1-2). När vi är rotade i det Jesus har gjort för oss kommer våra sinnen vara beskyddade. Då kan inte djävulen använda våra tankar som sin lekplats. När vi ständigt förnyas i vårt sinne genom Guds Ord bryter vi ner fiendens fästen.

- **Andens svärd** är det enda offensiva vapen som Paulus har med i sin beskrivning av Guds vapenrustning. Detta mäktiga vapen är Guds Ord. Djävulen är inte rädd för oss, för i oss själva har vi ingen att sätta emot när han attackerar oss. Men vi har fått ett mäktigt vapen i Guds Ord. Jesus använde också Guds Ord för att slå ner djävulens frestelser i öknen (Matt. 4:1-11). Om Jesus använde Guds Ord för att stå emot djävulen, så behöver vi verkligen försäkra oss om att vi har den grunden, när vi går in i den andliga striden. När vi bygger våra liv på en levande uppenbarelse av Guds Ord, så är det ett vapen som alltid kommer att göra djävulens gärningar om intet. Vi behöver läsa Ordet, begrunda det och använda det i bön. Alla Guds löften har fått sitt *"ja"* och sitt *"amen"* i Kristus. Tack vare löftena kan vi kämpa trons goda kamp (2 Kor. 1:20-21; 1 Tim. 1:18). Paulus fortsätter sedan att skriva om makten i bön och förbön och jag ska komma tillbaka till detta senare i detta kapitel.

Att ta på Guds vapenrustning

"Natten går mot sitt slut och dagen är nära. Låt oss därför lägga bort mörkrets gärningar och ta på oss ljusets vapenrustning" (Rom. 13:12).

Vi behöver inte "ta på" Guds rustning varje morgon genom bön och proklamation. Min rekommendation är att du aldrig tar av dig rustningen. Rustningen är en bild av Kristus och eftersom vi alltid är i honom så är vi rustade som övervinnare just nu. Att sätta på sig rustningen innebär att bevara medvetandet om vilka vi är i Kristus, och leva i den seger han har vunnit för oss. Detta är innebörden av uppmaningen att sätta på oss hela Guds rustning, något som Paulus beskriver som att *"iklä sig Herren Jesus Kristus"* (Rom. 13:14). Ett praktiskt exempel på hur detta kan gå till kan vara att vi, samtidigt som vi studerar de olika områden som tas upp i denna bok, tänker på de välsignelser vi själva har tagit emot i Kristus. Då blir vi mer medvetna om vårt arv i Kristus och kan hela tiden förbli iklädda hela Guds rustning. Detta gör att vi kan stå fasta på den onda dagen och under den andliga kamp vi hela tiden får utkämpa.

Vi har blivit lösta från mörkrets välde

Genom Jesu Kristi försonande verk har vi blivit befriade från mörkrets makter (Kol. 1:12-14). Den enda makt Satan har över oss är den makt vi ger honom, genom synd eller okunnighet. Djävulen försöker tynga ner människor med synd. Om vi har obekänd synd i våra liv har han laglig rätt att plåga oss. Detta är en av anledningarna till att det är så viktigt att vi förblir ödmjuka och snara till att omvända oss (Jak. 4:6-7). Ett annat sätt som fienden skaffar sig tillträde till våra liv igenom, är att försöka få oss att tro att han inte är besegrad, utan ännu har makt över oss. Då kan han plåga oss, trots att han inte har någon laglig rätt till detta, och vi behöver uppenbarelse för att stå emot hans list. Friheten finner vi genom evangeliet, för där ser vi att vi redan blivit friköpta. När vi handlar i enlighet med detta faktum, genom att använda den auktoritet vi har i Kristus, så måste demoniskt betryck ge sig av (Joh. 8:32, 36).

Många troende lever med den falska tron att de är bundna och behöver bli befriade. Men detta är lögn och bedrägeri från mörkret. Vi har redan blivit befriade från djävulens makt på grund av att Jesus vann en fullkomlig frihet åt oss på korset. Genom sitt försoningsverk bröt Jesus alla bojor och omintetgjorde djävulens gärningar. Djävulen har inte längre minsta rätt att plåga en troende; anledningen till att troende kristna fortfarande lever i fångenskap är att de blivit bedragna. Jag kommer fortfarande ihåg vilken effekt denna uppenbarelse hade på mitt liv. Som jag nämnde tidigare var jag involverad i ockultism och nyandlighet i många år innan jag mötte Jesus. Efter att jag blivit frälst hade jag fortfarande problem med demoniskt inflytande i mitt liv. Jag deltog i ett otal seminarier och läste en massa böcker om befrielse och hoppades på att bli fri från det som plågade mig.

Men trots att jag ofta fick förbön upplevde jag ingen befrielse förrän jag fick uppenbarelse om att jag redan var friköpt genom Jesus Kristus. Då fann jag en total, förblivande frihet inom bara några månader. Friheten är redan vår och Bibeln uppmuntrar oss att stå fasta i den (Gal. 5:1).

Att förmedla befrielse

När evangeliet predikas, vaknar tron och allt betryck måste försvinna. Det var så Jesus agerade när han mötte människor som levde under demoniskt betryck. En del av hans uppdrag var att *"predika frihet för de fångna"* (Luk. 4:18). Jesus predikade evangeliet och befriade dem som var under djävulens tvång (Apg. 10:38). Om demoner manifesterade sig kastade han ut dem. Vi är kallade att göra detsamma. Vi förmedlar befrielse i Jesu namn genom att stå fasta i Kristi seger och predika frihet för de fångna. Människor blir fria genom att få kunskap om vad Guds Ord säger och sedan gå vidare i ljuset av den uppenbarelsen (Joh. 8:32). Jesus betjänade inte människor genom att be om befrielse för dem.

Vi är kallade att göra samma gärningar som Jesus, vilket innebär att vi förmedlar befrielse genom att predika evangelium. Så fort människor börjar förstå att de blivit befriade genom Jesu Kristi försoning, så kommer de att inse att djävulen inte längre har någon auktoritet över dem. Då måste allt demoniskt betryck släppa och de kommer att kliva ut i frihet. Vi behöver inte söka efter demoner överallt, men om de manifesterar sig, eller om den helige Ande manar oss till det, så kommer vi att ta itu med dem i Jesu mäktiga namn.

Jag har sett detta hända många gånger under våra konferenser. När jag predikat de goda nyheterna, och de som lyssnar har tagit emot uppenbarelse om hur Jesus besegrade djävulen, så har jag sett hur demoniskt betryck har brutits över deras liv; ibland enbart genom att de lyssnat till Ordet. Andra gånger har det hänt när vi betjänat med förbön och genom gåvan att skilja mellan andar fått makt att bryta demoniskt betryck. Evangeliet är verkligen Guds kraft till frälsning, vilket inkluderar frihet från alla mörkrets makter.

Förbönens roll

"... under ständig bön och åkallan och be alltid i Anden. Var därför vakna och håll ut i bön för alla de heliga. Be också för mig, att ordet ges mig när jag öppnar min mun, så att jag frimodigt förkunnar evangeliets hemlighet för vilket jag är en ambassadör i bojor. Be att jag talar så öppet och fritt som jag bör" (Ef. 6:18-20).

Förbön är viktig, främst av två anledningar. Den första anledningen är att när vi lever ett liv i bön, kommer vi att få styrka till att stå fasta i den andliga striden. Det är genom att leva ett liv i bön, som vi får del av kraften i Guds nåd (2 Tim. 2:1). Det faktum att segern är vunnen en gång för alla, innebär inte att vi aldrig kommer att möta någon form av demonisk aktivitet mot oss eller känna av några andliga attacker. Men det som det verkligen innebär är att vi har fått löfte om att när vi står fasta i Kristus, så kommer vi alltid komma ur varje strid som segrare. Genom Kristus är vi mer än övervinnare och kommer att vinna varje slag så länge vi står fasta i hans kraft. Jesus tog sig tid att be innan han frestades av djävulen i öknen (Matt. 4:1-3). Han bad också i Getsemane innan han gick vidare till att dö på korset (Luk. 22:39-46). Jesus gjorde det för att få frid och uppmuntran från sin Far och det kan vi också göra.

Den andra anledningen till att förbön är så viktig är att den är en av de vägar som finns för oss att använda vår auktoritet i Jesu namn. Därigenom kan vi göra Guds rike synligt i den här världen och avslöja och sätta stopp för djävulens listiga planer. Paulus visste detta och därför bad han de troende i Efesus att be för honom. Jag har många starka upplevelser av förbönens makt; jag är övertygad om att just förbönen är en viktig anledning till att jag orkar resa över hela världen för att predika, och se människor bli frälsta och förvandlade av kraften i evangeliet. Därför är jag så tacksam över alla mina trogna vänner som satsar tid i förbön för vårt arbete. Bön förvandlar verkligen liv och nationer. Att veta att segern är vunnen är inte en kallelse in i ett passivt liv. Nej, det uppmuntrar oss i stället till att be från en position av seger, förankrat i det faktum att vi kommer att vinna eftersom Jesus besegrade djävulen på korset. Låt oss proklamera Jesu seger överallt!

SAMMANFATTNING

Genom att studera hur vi genom Jesus Kristus befriats från synden, lagen och ondskans makt, har vi lagt en grund till att förstå hur Jesus har gjort det möjligt att leva ett förvandlat liv. En stor del av att lära sig leva av nåd handlar om att finna vila i Jesu Kristi fullbordade verk. När vi väl har lärt oss att vila i honom, så inser vi att förvandlingen kommer genom vår gemenskap med Jesus Kristus. Då blir vi fria till att låta Faderns kärlek definiera vilka vi är. Vi har blivit befriade från de makter som hindrade oss från att vara de individer Gud har kallat oss till; vi har blivit delaktiga av nådens förvandlande kraft genom Jesus Kristus.

Nu kan vi med stor tillförsikt se fram emot en framskridande förvandling som är byggd på en uppenbarelse om vad Jesus har gjort möjligt för oss. Han kommer själv att fullborda det goda verk som han redan påbörjat i oss, för att vi ska bli det folk som Herren kallat oss att vara. I de följande kapitlen ska vi gå igenom hur helgelse, helande och upprättelse sker i våra liv som ett nådens verk genom Jesus Kristus.

DEL TVÅ: UTVALD OCH UPPRÄTTAD GENOM GUDS NÅD

I den här delen av boken kommer vi att titta närmare på nådens kraft att förvandla. Detta är ett väldigt fascinerande ämne, eftersom Gud älskar att använda vanliga människor, som du och jag, att göra ovanliga ting genom den helige Andes kraft. Det finns ingen smärta så djup att den inte kan läkas, inte heller finns det några bojor som är så starka att de inte kan brytas. Ingen enda är ett hopplöst fall, om Guds nåd får verka.

"Men där synden blev större, där överflödade nåden ännu mer" (Rom. 5:20).

Gud ger aldrig upp om oss. När vi överlåter oss till Guds nåds förvandlande verk, kommer våra liv att förvandlas från härlighet till härlighet. Då finner vi ett liv av frid, glädje och rättfärdighet i den helige Ande (Rom. 14:17).

KAPITEL 6: VEM BLIR UTVALD AV GUD?

En fråga jag ofta brottades med tidigt i mitt kristna liv handlade om vad som krävdes för att bli utvald till att bli använd av Gud. Jag var ofta van vid att känna mig diskvalificerad och levde med den ständiga känslan av att inte riktigt hålla måttet. Jag antog att samma sak skulle gälla i Guds rike, men jag har med tiden insett att jag hade fel. Guds utväljande sker alltid av nåd, eftersom ingen av oss har de meriter som skulle krävas om Guds utväljande hade vilat på den grunden.

Gud utväljer av nåd

"...det som för världen var dåraktigt utvalde Gud för att förödmjuka de visa, och det som för världen var svagt utvalde Gud för att förödmjuka det starka, och det som för världen var obetydligt och föraktat och inte fanns till, det utvalde Gud för att tillintetgöra det som fanns till, för att ingen människa ska berömma sig inför Gud" (1 Kor. 1:27-29).

Det här bibelordet visar oss hur Gud tänker när han utväljer de människor han kallar in i gemenskap med Jesus. Gud utväljer inte människor, på grund av deras personliga talanger och meriter. Hans kallelse är alltid baserad på den nåd han ger, och inte på de mänskliga kvalifikationer och förtjänster som är viktiga i världens ögon. Detta beror på att Gud är nådefull, och att han regerar i nåd och barmhärtighet. När vi ger vårt gensvar på den kallelse Gud ger, påbörjar Kristus själv sitt förvandlande verk inom oss genom att bli vår rättfärdighet och helgelse. Då kan vi bli det folk som han har kallat oss till.

"Tack vare honom är ni i Kristus Jesus. För oss har han blivit vishet från Gud, rättfärdighet, helgelse och återlösning, för att det ska bli som det står skrivet: Den som berömmer sig ska berömma sig av Herren" (1 Kor. 1:30-31).

När vi ser på hur Fadern har kallat oss och hur han förvandlar våra liv, så kan vi se Guds nåd i funktion. Nåden är både en oförtjänt favör och en aktiv och livsförvandlande kraft. Satan vill använda vår tidigare trasighet att övertyga oss om att vi inte är tillräckligt bra för Gud. Det är lätt att falla för den lögnen, eftersom människor i vanliga fall bedöms utifrån utseende, styrka, personlig utstrålning och begåvning. Men i Guds rike är det totalt andra förutsättningar som gäller. Gud regerar i ödmjukhet och nåd, och därför utväljer och kallar han personer på grund av nåd. Gud söker efter människor som han kan visa oförtjänt välvilja. Vår brist på mänsklig styrka och förmåga är därför ofta exakt det han söker efter, eftersom han vill att Kristus ska vara både vår styrka och vår vishet.

Utvalda av nåd

"Han har frälst oss och kallat oss med en helig kallelse, inte på grund av våra gärningar utan genom sitt beslut och sin nåd som han har gett oss i Kristus Jesus från evighet. Nu har hans nåd blivit uppenbarad, när vår Frälsare Kristus Jesus har trätt fram. Han har gjort slut på döden och fört fram liv och odödlighet i ljuset genom evangeliet" (2 Tim. 1:9-10).

Nåd är Guds oförtjänta favör gentemot oss, eftersom han inte ser till yttre kvalifikationer. När han kallar oss så ger han också oss förmåga att tjäna honom, men det betyder inte att vi blir erfarna och duktiga nog i oss själva. Att bli skickliggjord av Gud handlar om att ge upp sin egen förmåga och låta Jesus leva sitt liv igenom oss. Vår kallelse är en helig kallelse som vilar på Guds nåds säkra grund. Paulus sade: *"Genom Guds nåd är jag vad jag är, och hans nåd mot mig har inte varit förgäves, utan jag har arbetat mer än alla de andra – fast inte jag själv, utan Guds nåd som varit med mig"* (1 Kor. 15:10). I 1 Kor. 1:27-29 ser vi vilka kvalifikationer Gud söker efter hos dem han utväljer. Han söker efter människor som enligt världens sätt att se är:

- Dåraktiga

- Svaga

- Obetydliga och föraktade

- Värdelösa

Vi skall nu titta närmare på var och en av dessa egenskaper för att förstå hur Guds nåd är grunden till vår kallelse. Vi kommer då få en djupare uppenbarelse om att Gud räcker till för alla våra behov. Gud utväljer de obetydliga och alldagliga för att Kristus ska få all ära (1 Kor. 1:31). Under mina första år som kristen hade jag svårt att tro att Gud kunde använda mig. Jag hade en sådan längtan efter att predika och att göra något för Gud, men när jag såg på mig själv blev jag besviken. Jag hade ingen bra utbildning, inte heller de rätta kontakterna eller några imponerande gåvor och talanger. Vad jag då inte insåg var att jag var exakt den slags person som Gud sökte. Idag instämmer jag helhjärtat med Paulus när han säger att *"genom Guds nåd är jag den jag är, och hans nåd mot mig har inte varit förgäves."*

Gud har utvalt det som i världen är dåraktigt

Det ord som översätts med *"dåraktigt"* i denna text är det grekiska ordet *mōros*, vilket beskriver någon som är tråkig, dum eller en lite trög av sig. I Nya testamentet används detta ord för att beskriva en person som är dum eller inte så smart. I klartext så används det om någon som inte har alla hästar hemma. Detta var ett nedsättande uttryck som användes för att förödmjuka människor och avfärda dem som korkade och mindre vetande. Just den sortens människor, som världen har räknat bort, är det som Gud vill samarbeta med. Vi behöver alltså inte vara de smartaste eller de bäst utbildade för att bli utvalda av Gud. Och om vi tror att vi är visa i oss själva, säger Paulus:

"Bedra inte er själva. Om någon av er tycker sig vara vis i den här världen, måste han först bli en dåre för att bli vis. Den här världens visdom är nämligen dårskap inför Gud. Det står skrivet: Han fångar de visa i deras slughet" (1 Kor. 3:18-19).

Vi har Guds hela vishet inom oss eftersom Jesus Kristus själv har blivit vår vishet, och vi har fått Kristi sinne (1 Kor. 1:30, 2:16). När vi bevarar kontakten med honom så har vi tillgång till alla de lösningar och strategier vi någonsin kan behöva. Genom Kristus kan vi finna nya kreativa vägar att göra Guds rike synligt genom våra liv. Kristus är Guds visdom och den har vi tillgång till genom tron. Med andra ord har vi en källa av kreativitet och lösningar som vi kan ansluta oss till närhelst vi vill, tack vare vår gemenskap med Kristus. Jakob uppmuntrar oss med att om vi brister i vishet så behöver vi bara be Gud om det så kommer han att ge det (Jak. 1:5).

Gud har utvalt det som i världen är svagt

"han svarade mig: "Min nåd är nog för dig, för min kraft fullkomnas i svaghet." Därför vill jag hellre berömma mig av min svaghet, för att Kristi kraft ska vila över mig" (2 Kor. 12:9).

Gud har utvalt det som i världen är svagt för att förödmjuka det starka. Att vara stark i Anden innebär att vi behöver lära oss hur vi kan förtrösta på Gud i allt och inte förlita oss på något mänskligt (Fil. 3:3). Därför berömde Paulus sig glatt av sin svaghet för att Guds kraft skulle komma och vila över honom.
Dessa svagheter åsyftar inte brister i karaktären eller eventuella sjukdomar. Paulus berömde sig av att han i sig själv saknade förmåga och mänsklig styrka, och därför helt och fullt måste förlita sig på Guds kraft.

Om vi förtröstar på vår egen styrka så finns det inget utrymme för Kristi kraft att verka genom oss. Men om vi förlitar oss på Kristus så ger vi honom rikligt utrymme att uppenbara sin kraft genom våra liv. Gud utväljer och använder det som är svagt för att förödmjuka de starka. Därför kan vi instämma med Paulus: *"när jag är svag så är jag stark"* (2 Kor. 12:10). Kristus är Guds kraft och när vi förtröstar på hans nåd kommer vi att finna att han kraft fullkomnas i vår svaghet. Detta beror på att nåden är den Guds verksamma kraft som stärker oss att bli allt det som han har kallat oss att vara. Kristus själv har blivit vår styrka. Denna sanning har betytt otroligt mycket för mig genom åren. Jag har själv ofta känt mig både svag och otillräcklig i min vandring med Gud, men jag har lärt mig att det är ett mycket bra utgångsläge. Min svaghet är alltid en möjlighet för Gud, och min begränsning blir en port för kraften i Guds nåd att verka genom mig. Kristi kraft vilar över den som vågar vara svag i sig själv.

Gud har utvalt den som i världen är föraktad och den ingen räknar med

"En människa ser det som är för ögonen, men Herren ser till hjärtat" (1 Sam. 16:7).

Vi bör vara tacksamma över att Gud inte dömer oss efter det yttre, för om han gjort det så skulle ingen av oss räcka till. Mänsklig visdom dömer efter yttre kvalifikationer och gör skillnad på människor, utifrån social status, rikedom och världslig framgång.
Detta uppmanar Jakob oss till att undvika (Jak. 2:9). Vi ska inte döma någon efter det yttre, utan i stället känna varandra utifrån vår identitet i Kristus (2 Kor. 5:16-17). För Gud är det inget problem att du räknas som ingenting i världens ögon. Det är väldigt få av de människor som Gud har kallat, som varit de mest kvalificerade om man skulle se till det yttre.

Ända från början har Gud alltid kallat okvalificerade och svaga människor. Det har alltid varit Guds strategi att kalla de minst kvalificerade och föraktade, när han behövt enskilda eller en grupp människor till olika uppgifter. Han använder det som ingenting är för att göra dem som tror att de är någonting till intet (1 Kor. 1:28). Därför bör det inte vara något större problem för oss om vi är föraktade i världens ögon. Vi har ju en konungslig identitet i Kristus, och vi har fått tillgång till obegränsad förmåga genom honom som ger oss kraft (Fil. 4:13). Vi är hans ambassadörer och som vi redan sett, är Kristus själv både vår vishet och vår styrka. Detta ger oss en trygghet som bygger på Kristus själv, vilket är en mycket bättre än att lita på sin egen förmåga. Den mänskliga styrkan är endast så stark som vi själva är, och vi människor är inte så starka. Men att förtrösta på Kristus rotar oss i Gud som han har all styrka och makt. Att förtrösta på Kristus ger oss en orubblig grund att stå på, för då kan vi förlita oss helt och fullt på hans nåd.

Hur uppenbarar sig Guds vishet i allt detta?

Om Gud hade utvalt det som var starkt i världen, så hade människor haft en anledning att skryta över sin egen styrka. Men Gud kommer aldrig att tillåta det. Hans avsikt är att Jesus, och hans försoningsverk på korset skall vara det enda vi berömmer oss av. Genom att utvälja de enkla och obetydliga har Gud gjort klart för oss att Kristus är både Guds vishet och hans kraft. Detta är också ett sätt för honom att beskydda våra hjärtan. Det är svårt att falla offer för stolthet när vi inser att all den frukt vi bär är ett resultat av Guds nåd. Han gör detta "...*för att ingen människa ska berömma sig inför Gud*" (1 Kor. 1:29).

Slutligen kommer varje knä att böjas för Jesus Kristus och varje tunga ska bekänna att han är Herre, Gud Fadern till ära (Fil. 2:10-11). Den bekännelsen kommer antingen att komma ur tillbedjan, när alla troende som tagit emot Jesus Kristus som Herre och Frälsare ska sjunga till hans ära. Eller utifrån fruktan och smärta, från de som går förlorade. Men oavsett hur det går till, så skall alla till slut bekänna att Jesus Kristus är Herre.

Hos Kristus finns det tillräckligt för att fylla alla våra behov

"Tack vare honom är ni i Kristus Jesus. För oss har han blivit vishet från Gud, rättfärdighet, helgelse och

återlösning, för att det ska bli som det står skrivet: Den som berömmer sig ska berömma sig av Herren" (1 Kor. 1:30-31).

Vi har sett hur Gud regerar i nåd genom att titta närmare på vilka slags människor han utväljer. Gud bygger starka troende av människor som betraktats som dåraktiga, svaga och utan värde i den här världen. Han gör detta genom att placera oss i Jesus Kristus, som förvandlar oss genom sin kärlek och nåd.
Kristus själv är Guds kraft som befriar oss, och helgar varje område i våra liv. Eftersom det är av hans fullhet vi tar emot Guds nåd (Joh. 1:16-17), kan vi fröjda oss i uppenbarelsen att Guds nåd innebär att Kristus själv har blivit allt vi behöver för att leva ett segrande kristet liv. Som vi redan har sett så lever Jesus själv ut detta liv genom oss (Kol. 1:27).

Vi är kallade in i gemenskap med Jesus Kristus

"Gud är trofast, han som har kallat er till gemenskap med sin Son Jesus Kristus, vår Herre" (1 Kor. 1:9).

Jesus Kristus har nu blivit gjord till Guds vishet och kraft för oss som tror (1 Kor. 1:24-25), och vi har blivit kallade till gemenskap med honom. All den visdom och kraft vi behöver finns i honom, och är tillgänglig för oss när vi förblir i honom genom tron. De flesta kristna håller nog med om att detta är sant, men ändå är det så att en del inte lever i den verklighet som Kristus vunnit åt oss. Detta beror på att man saknar uppenbarelse om den gemenskap vi har i Kristus (1 Kor. 6:17). Kristus har för oss blivit *"vishet från Gud, rättfärdighet, helgelse och återlösning"* (1 Kor. 1:30). Det är genom gemenskapen med honom som enkla och svaga människor som du och jag blir förvandlade till fria, upprättade och trofasta lärjungar till Kristus. Vi har nu tillgång till allt som Kristus vunnit för oss, eftersom vi är förenade med honom. Det sätt som vi tar emot detta är av nåd genom tron (Ef. 2:18). Detta är verkligen en oerhörd sanning.

- **Vishet från Gud -** *"Allt har min Far överlämnat till mig. Och ingen känner Sonen utom Fadern, inte heller känner någon Fadern utom Sonen och den som Sonen vill uppenbara honom för"* (Matt. 11:27). Vi har redan konstaterat att Kristus uppenbarats som Guds vishet. En viktig aspekt av att Kristus är vår vishet är att vi genom honom får en sann uppenbarelse av vem Fadern är. Jesu ok är milt och hans börda är lätt, eftersom han frigör oss från religiösa lögner om Gud (Matt. 11:28-29). Vi kommer att finna sann vila när vi inser att Gud är vår kärleksfulle Far, och vi finner tröst och frid när vi lär oss att leva som hans älskade söner och döttrar genom att ha gemenskap med honom. Jesus har fört oss hem till Faderns hus (Joh. 14:1-6), och han ger oss en sann kunskap om vem Gud är (Joh. 1:17-18).

- **Rättfärdighet -** *"Han som inte visste av synd, honom gjorde Gud till synd i vårt ställe, för att vi i honom skulle bli rättfärdiga inför Gud"* (2 Kor. 5:21). Vi är inte längre syndare, för Jesus blev till synd i vårt ställe. Nu är vi Guds rättfärdighet i Kristus. Detta innebär att vi har blivit renade från synd och att vi har fått en ny identitet. Vårt förflutna har inte längre makt över oss. Eftersom vi inte längre är bundna av syndens makt, kan vi nu regera i liv genom rättfärdighetens gåva (Rom. 5:17). Vi har befriats från syndens makt och Guds nåd regerar i våra hjärtan (Rom. 5:21). Kristus har gjort oss rättfärdiga och befriat oss från det gamla livet och vi kan nu ta till oss allt som Gud har för oss.

- **Helgelse** - *"Och i kraft av den viljan är vi helgade, genom att Jesu Kristi kropp har offrats en gång för alla...Med ett enda offer har han för all framtid fullkomnat dem som helgas"* (Hebr. 10:10, 14). Vi är redan helgade och heliga. Detta är vår identitet som troende, och i den meningen kan vi inte bli mer heliga än vi redan är. Däremot behöver vår livsstil helgas, och det är Jesus Kristus som gör det verket i oss. Guds kraft är närvarande inom oss för att förvandla oss till likhet med Kristus och bryta allt som försöker binda oss. När vi lever i gemenskap med Kristus så har vi tillgång till hans kraft genom tron, eftersom vi är förenade med honom. Den här världens vishet försöker övertyga oss om att vi kan fixa det själv, bara vi anstränger oss tillräckligt hårt, men stämmer inte. Det är tydligt för alla som försöker att vi inte klarar av det kristna livet i egen kraft. Därför har Jesus Kristus, som bor i oss, till uppgift att helga oss inifrån och ut. Han är Guds kraft till förvandling i oss. Guds nåd uppenbaras i det faktum att Kristus själv har blivit vår helgelse. Förvandling sker alltid genom Guds nåd.

- **Försoning** - *"Han har frälst oss från mörkrets välde och fört oss in i sin älskade Sons rike. I honom är vi friköpta och har förlåtelse för våra synder"* (Kol. 1:13-14). Kristus är också försoningen för våra synder. Genom att friköpa oss har Jesus nu både gett oss förlåtelse från våra synder och befriat oss från mörkrets makt och fört oss in i Guds rike.
Vi är medborgare i ett nytt rike och djävulen kan inte göra anspråk på oss längre. Igenom Jesus Kristus finns Guds kraft tillgänglig för oss, så att vi kan få del av syndernas förlåtelse och uppleva befrielse från mörkrets makter. Vi är nu fria i

honom och förvandlas från en nivå av härlighet
till ännu mer härlighet (1 Kor. 3:17-18).

Kristus är vår styrka

Poängen med detta avsnitt är att visa hur Gud utväljer
oss, baserat på sin oförtjänta välvilja. Min avsikt med
detta kapitel är inte att säga att Herren lämnar oss i
svaghet och nederlag resten av livet. Men vi behöver
förstå att andlig styrka inte är detsamma som mänsklig
styrka, eller världsliga meriter och kvalifikationer.
Andlig styrka får vi bara del av i vår gemenskap med
Kristus, vilket är anledningen till att Paulus kunde
berömma sig av sin svaghet. Han visste att Kristus var
hans verkliga styrka. Genom tron har Kristus blivit
den som förser oss med allt vi behöver för att kunna
leva ett kristet liv.

Eftersom jag kommer från ett trasigt förflutet, så vet
jag hur det är att känna sig svag och nedbruten. Många
gånger sade man till mig att jag var ett problembarn,
som redan i tonåren ställt till det så för mig att det inte
fanns någon återvändo. Jag är så tacksam att Jesus inte
höll med om detta. Med tiden har jag förstått att sådant
som i det naturliga talar emot mig, ser Gud i stället
som en fantastisk möjlighet till att uppenbara sin kraft
genom mig. Resultatet av detta blir att de svaga
områdena i mitt liv, istället blir de områden där Guds
kraft verkar som starkast. Det är viktigt för mig att
ingen som läser detta skulle diskvalificera sig själv,
baserat på det man tror sig vara i världens ögon. Om
vi tillåter Kristus att uttrycka sitt liv inom oss och
genom oss så kommer vi att bli starka i honom. Därför
kan vi uppmuntra den som känner sig svag med dessa
ord: *"Den svage ska säga: jag är stark"* (Joel 3:10).

KAPITEL 7: HELGELSE

En av de vanligaste frågorna som jag får när jag predikar och undervisar om Guds nåd, handlar om helgelsen. Den frågan var också viktig för mig när började förstå mer av hur det Nya förbundet fungerar. Ibland ställer vi Guds nåd och ett helgat liv i ett slags motsatsförhållande, men i verkligheten är det precis tvärtom. Sanningen är att Guds nåd helgar oss!

Fullkomnade genom Jesu gärning

"Och i kraft av den viljan är vi helgade, genom att Jesu Kristi kropp har offrats en gång för alla…Med ett enda offer har han för all framtid fullkomnat dem som helgas" (Hebr. 10:10, 14).

I det föregående kapitlet har vi redan sett att Jesus är vår helgelse (1 Kor. 1:30-31). Av det kan vi lära oss att i nya förbundet, är inte helgelse först och främst en livsstil. Jesus Kristus själv har blivit vår helgelse och han har helgat oss genom sitt verk på korset. De verser jag just citerade från Hebréerbrevet visar att vi har blivit helgade och fullkomliga genom att Jesus offrade sin kropp en gång för alla. Det ord som här översätts *"helgade"* är det grekiska ordet *hagiazō*, vilket betyder att helga, göra heligt och att avskilja.

Allt detta har Jesus redan åstadkommit för oss på korset. Det är redan klart. Vi kan inte bli mer fullkomliga och helgade än vi redan är. Det är en mäktig sanning att ta till sig, att i Faderns ögon är vi helgade och fullkomliga söner och döttrar.

Ett personligt vittnesbörd

Skam var ett av de starkaste inre fästena i mitt liv. Jag minns än hur svårt det var för mig att gå till kyrkan, när jag hade blivit frälst. Alla verkade så lyckliga och såg ut att leva så perfekta liv (på den tiden visste jag inte så mycket om hur det såg ut bakom fasaden i våra församlingar). Jag kände mig så främmande i den nya miljön, eftersom mitt gamla liv varit så rörigt och smärtsamt. Den skam som jag bar på orsakade ganska mycket social ångest. Detta ledde till att jag inte ville väcka uppmärksamhet eller bli sedd, för jag tänkte att om människorna där fick veta vem jag verkligen var så skulle de förskjuta mig.

När jag allt eftersom insåg att min himmelske Far såg mig på ett helt annat sätt, upplevde jag ett starkt genombrott i mitt liv med Gud. En uppenbarelse växte inom mig om att jag i Guds ögon var fullkomnad i Kristus, och att han älskade mig djupt.

Den uppenbarelsen innebar ett genombrott i min kamp mot skamkänslorna. Allt eftersom jag växte i Guds *agape*-kärlek (den gudomliga kärleken), lärde jag mig att se mig själv med Guds ögon. Att lära känna Guds Fadershjärta har gett mig en sådan frihet. Faktum är att trots att han vet allt om mina synder och misslyckanden, så älskar han mig ändå. Han kommer aldrig att lämna mig eller överge mig. Detta är lika sant för oss alla.

Helgelsens process

"Guds nåd har uppenbarats till frälsning för alla människor. Den fostrar oss att säga nej till ogudaktighet och världsliga begär och i stället leva anständigt, rättfärdigt och gudfruktigt i den tid som nu är, medan vi väntar på det saliga hoppet: att vår store Gud och Frälsare Jesus Kristus

ska träda fram i härlighet. Han har offrat sig för oss för att friköpa oss från all laglöshet och rena åt sig ett eget folk, som är uppfyllt av iver att göra goda gärningar" (Tit. 2:11- 14).

Vi har redan helgats genom Jesus Kristus, men det finns också en hel del bibelord som beskriver en fortlöpande process mot en livsstil i helgelse. Detta kan uppfattas som en motsägelse, men det är egentligen inte så svårt att förstå. Det betyder att vi håller på att bli dem vi redan är. Gud verkar alltid i oss genom processer; helgelsens process är det sätt Gud verkar på för att förvandla våra liv så att vi börjar leva våra liv i överensstämmelse med dem vi redan är. Detta är ett nådens verk som förvandlar oss från härlighet till härlighet.

Uttrycket helgelse beskriver processen som Gud använder för att verka i oss genom den helige Ande som bor i oss. Syftet är att göra oss mer och mer lika honom tills vi slutligen kommer att vara fullkomligt lika Jesus, hans Son. Eftersom vi nu har blivit befriade från syndens makt, kan vi samarbeta med Guds nåd. Det gör vi genom att lägga av med vår tidigare livsstil och de destruktiva vanor som följde med den. *"Men nu ska också ni lägga bort allt detta: vrede, ilska, ondska, förtal och fräckheter från er mun. Ljug inte för varandra, ni har ju klätt av er den gamla människan med hennes gärningar och klätt er i den nya människan, som förnyas till rätt kunskap och blir en avbild av sin Skapare"* (Kol. 3:8-10).

Nåden undervisar och helgar oss, och den hjälper oss att lägga av de gamla syndavanorna. Guds nåd blir en aktiv kraft i våra liv, genom att lära och inspirera oss att leva efter Guds hjärta. Den stärker också vår vilja så att vi kan göra de gudomliga val som krävs för att döda de syndiga vanor vi tidigare haft.

Förr kämpade jag mycket med min vikt, eftersom jag använde mat som en källa till tröst. Detta gjorde att jag utvecklade dåliga matvanor, och dessutom åt alldeles för mycket. Jag började lägga märke till hur inaktiv och trött jag hade blivit, men jag hade inte kraften att göra något åt det. Jag försökte i flera år, men oavsett hur mycket jag försökte så kunde jag ändå inte bli fri från mitt tröstätande. Till slut hade jag kommit till den punkten att jag helt gett upp om förändring på detta område, och hade mer eller mindre slutat att bry mig om min hälsa. Då talade den helige Ande till mig om detta när jag predikade i Norge.

Han vägledde mig till att sluta förtrösta på min egen styrka och i stället lita på att hans nåd skulle ge mig kraft att komma in i sunda matvanor. Det gjorde jag och på sex månaders tid förlorade jag all min övervikt och nu är jag i bättre form än någonsin. Guds nåd har hjälpt mig att göra gudomliga val, att lägga av min tendens till tröstätande och i stället äta mer hälsosamt. Jag har i stället lärt mig att hämta tröst hos Kristus. Detta är ett exempel på hur vi kan samarbeta med Guds nåd i en process av helgelse.

Synden förvränger Guds avbild

"Gud sade: "Låt oss göra människor till vår avbild, lika oss" (1 Mos. 1:26). Det är viktigt för oss att känna till varför helgelsens process är så nödvändig. Som människor skapades vi till Guds avbild. Tidigare i denna bok har vi sett att synd är något vida mer att enbart olydnad gentemot Gud. Synden är en regerande makt och en destruktiv andlig kraft. Paulus skriver: *"liksom synden regerade genom döden"* (Rom. 5:21). Det grekiska ord som används för att översätta *"regerade"* är ordet *basileuō*, som betyder att regera som en kung. När

92

synden råder i en persons liv, kommer personligheten att bli alltmer förvrängd och fördärvad, så att den återspeglar syndens och djävulens natur. Detta är en process när synden gradvis tar över. Synden är girig till sin natur, och om den tillåts råda kommer den inte att ge sig förrän den regerar varje område i livet. Vad är då karaktäristiskt för ett liv som regeras av synd? Paulus beskriver den sortens liv så här:

"Köttets gärningar är uppenbara: sexuell omoral, orenhet, orgier, avgudadyrkan, ockultism, fientlighet, gräl, avund, vredesutbrott, själviskhet, splittringar, irrläror, illvilja, fylleri, vilda fester och annat sådant" (Gal. 5:19-21).

Konsekvenserna av att hänge sig åt köttets gärningar är att en sådan person inte kommer att få del av Guds rike (Gal. 5:21). Frälsningen är alltid av nåd genom tron, men för att Guds rike ska bli synligt på jorden så måste vi överlåta oss till Kungen, Jesus Kristus. Detta är vad Paulus talar om i detta sammanhang. Priset för att hänge sig åt synd är alltid alltför högt, eftersom Gud har planerat att människor ska komma i kontakt med Jesus genom dig. Den som hänger sig åt synd kommer att gå miste om förmånen att se sitt eget, och även andra människors liv, förvandlas genom Guds kraft. Det är inte värt att offra vårt liv i Gud, för att kortsiktigt tillfredsställa köttets begär.

Djävulens plan för våra liv

Genom att visa dig hur synden förvränger Guds avbild har jag just beskrivit djävulens plan för våra liv. Han vill att vi ska bli mer och mer bundna av synd, så att vår personlighet till slut blir så förvrängd att den liknar hans. När samhället börjar upphöja människor, som lever i synd och mörker, som föredömen och idoler, så innebär det i praktiken att djävulen får det samhällets tillbedjan. Det är nämligen en slags tillbedjan att beundra det som framhäver djävulens natur.

Detta är hans mål (Matt. 4:8-9), och han är beredd att ge människor både berömmelse och framgång i denna värld för att nå det målet. Han vill att Guds avbild ska fördärvas, eftersom han vet hur mycket Gud älskar oss människor. Genom att skada oss försöker han såra Guds hjärta. Djävulen har ett speciellt hat mot troende eftersom vi är Guds och älskade barn. Gud har satt oss med Kristus i den himmelska världen, högt över mörkrets furstar och makter (Ef. 2:6). Detta är den plats han själv helst av allt ville ha, men i stället kastades han ner i avgrunden.

"Hur har du inte fallit från himlen, du strålande stjärna, du gryningens son! Hur har du inte blivit fälld till jorden, du som slog ner folken till marken! Du sade i ditt hjärta: 'Jag ska stiga upp till himlen, jag ska resa min tron ovanför Guds stjärnor. Jag ska sätta mig på mötesberget längst upp i norr. Jag ska stiga upp över molnens höjder, jag ska bli som den Högste.' Men ner till dödsriket störtades du, längst ner i graven" (Jes.14:12-15).

Djävulen är så svartsjuk och hatisk mot oss, eftersom vi har fått den privilegierade ställning i Guds rike som han i sitt högmod ville ha själv. Nu vill han dra oss ner till samma undergång som har drabbat honom.
Det är en andlig strid som pågår mot oss alla för att bedra oss och binda oss i synd. De goda nyheterna i sammanhanget är att Jesus redan har vunnit den striden och har vunnit full upprättelse för oss. Jesus Kristus blev som vi är, för vi skulle bli som han är. Det är detta som gör processen av helgelse så viktig.

Antingen kommer vi att bli vi mer och mer fördärvade och förvrängda genom syndens inflytande, eller så växer vi i helgelse genom att göra oss beroende av Kristi kraft. Jag är övertygad om att du och jag kommer att tillväxa i att bli mer och mer lik Kristus, eftersom Gud har lovat att fullborda det goda verk han påbörjat i oss (Fil. 1:6). Genom den helige Ande förvandlas vi från härlighet till härlighet.

Ett liv i helgelse är ett liv i glädje

Tidigare trodde jag att människor som levde i helgelse var tråkiga människor. Jag trodde att de aldrig hade roligt utan alltid gick omkring med allvarlig uppsyn och aldrig fick njuta av livet, men detta är inte sant. Ett liv i helgelse är ett liv i sann frid och glädje. *"Du älskar rättfärdighet och hatar orättfärdighet. Därför, Gud, har din Gud smort dig med glädjens olja mer än dina medbröder"* (Hebr. 1:9). Ju mer vi växer i helgelse, desto lyckligare och mer välsignade blir vi. Djävulen vill få oss att tro att helgelse är något tråkigt som gör att vi går miste om allt roligt i livet. Men detta är en lögn. Helgelse är vägen till ett liv i glädje och det blir aldrig inaktuellt. Ett kristuslikt liv är det mest attraktiva liv vi kan leva.

En helgad karaktär

"Andens frukt däremot är kärlek, glädje, frid, tålamod, vänlighet, godhet, trohet, mildhet, självbehärskning. Sådant är lagen inte emot" (Gal. 5:22-24).

En kristuslik karaktär kan sammanfattas i de egenskaper som Paulus definierar som Andens frukt. Detta är viktigt att komma ihåg, för genom att låta religiösa traditioner definiera vad helighet är, har människor kommit på alla möjliga konstiga idéer i sina försök att definiera hur ett gudfruktigt liv ska se ut. Som pånyttfödda troende har vi redan Andens frukt inom oss. Den är en del av vår nya natur. Notera att

Andens frukt skrivs i singular, vilket innebär att Andens frukt är *en* frukt – kärlekens frukt. Köttets gärningar nämns å andra sidan I plural, eftersom de är många (Gal. 5:19-21). Kärleken från Gud är en Andens frukt, och alla de andra egenskaperna som ingår i den frukten är uttryck för Guds kärlek. De goda nyheterna är att vi redan har tagit emot Guds kärlek i våra hjärtan. *"Och hoppet sviker oss inte, för Guds kärlek är utgjuten i våra hjärtan genom den helige Ande som han har gett oss"* (Rom. 5:5). Guds kärlek är en del av den nya skapelsen, och vi växer i Andens frukt genom att förbli i hans kärlek till oss. Så här beskriver Paulus det som var hans drivkraft för att leva ett liv i överlåtelse till Kristus.

"Kristi kärlek driver oss, för vi är övertygade om att en har dött för alla, och därför har alla dött. Och han dog för alla, för att de som lever inte längre ska leva för sig själva utan för honom som har dött och uppstått för dem" (2 Kor. 5:14-15).

Enkel lydnad, som backas upp av nåden

"Synden ska därför inte regera i er dödliga kropp så att ni lyder dess begär. Ställ inte era kroppar i syndens tjänst som redskap för orättfärdigheten, utan ställ er i Guds tjänst. Ni som var döda men nu lever, ställ era kroppar i Guds tjänst som redskap för rättfärdigheten" (Rom 6:12-13).

Ibland skapas en falsk motsättning mellan om man betonar nåd eller helgelse, men jag hoppas att jag har gjort klart att detta sätt att tänka inte är bibliskt. Det är Guds nåd som helgar oss. Vi har frigjorts från syndens välde och djävulens makt och kan nu välja att inte längre tillåta synden att regera i våra liv. Gud har gett oss kraft att leva i seger och vi måste fatta beslut om att leva i daglig lydnad för Gud. Vi behöver helt enkelt välja att låta lydnaden till Kristus bli vår livsstil. Det börjar med ett beslut och fortsätter med att vi dagligen överlåter oss till att lyda Kristus. Detta gäller från första dagen vi började gå med Gud ända tills vi nått fram till livets slut. Vi kan inte fatta beslut om att lyda utan Guds nåd, men det är också sant att kraften i nåden aktiveras när vi gensvarar till den helige Andes ledning att göra goda val. Detta blir möjligt när vi överlåter vår vilja till Gud och låter honom befria oss från slaveriet under synden (Fil. 2:12-13).

Skillnaden mellan religiös lydnad och lydnad under nåden

Nu kanske en del tror att vi åter hamnat under lagen, men så är inte fallet. Vi har tidigare sett hur vi blivit frigjorda från såväl lagen som från ett religiöst sätt att relatera till Gud, byggt på våra egna goda gärningar. Religionen hävdar att man måste lyda för att förtjäna Guds favör och att olydnad kommer att bestraffas. Lydnad under nåden är något helt annat. Eftersom Guds kärlek har utgjutits i våra hjärtan, och Guds nåd styrker oss, kan vi göra de nödvändiga valen för att leva i det som är Guds bästa för oss här och nu.

Att leva i synd är inte Guds bästa för oss. Han vill att vi skall leva välsignade och framgångsrika liv, ha en hälsosam livsstil och nå ut till världen med evangelium. *"Sök frid med alla och helgelse, för utan helgelse kommer ingen att se Herren"* (Heb. 12:14). Ordet som översätts med helgelse i denna vers (*hagiasmos*), är samma ord som Paulus använder när hans skriver att Kristus har blivit vår helgelse. Att sträva och jaga efter frid och helgelse är alltså detsamma som att hänge sig till Kristus. Den stora välsignelsen av en sådan livsstil är att vi kommer att se Herren tydligare och tydligare. Detta händer när den helige Ande leder oss från härlighet till härlighet och människor omkring oss möter Guds kraft genom oss.

Förutbestämda till att bli förvandlade till likhet med Kristus

"Dem som han i förväg har känt som sina har han också förutbestämt till att formas efter hans Sons bild, så att Sonen blir den förstfödde bland många bröder" (Rom. 8:29).

Frälsningen finns förberedd för varje människa, och vi har alla möjlighet att säga ja eller nej till detta stora erbjudande (1 Joh. 2:1-2). Gud vill att alla människor skall komma till tro på Kristus och bli frälsta (1 Tim. 2:1-4). Dessa bibelord vittnar om att ingen människa är förutbestämd till antingen frälsning eller fördömelse. Guds uttryckliga vilja är att alla skulle bli frälsta.

När Bibeln talar om vår förutbestämmelse handlar det om att de troende ska bli förvandlade till Jesu Kristi avbild. Detta kommer att hända när Jesus kommer tillbaka, men redan nu samverkar den helige Ande med oss för att vi ska bli mer och mer lika Kristus. Detta är en mycket befriande uppenbarelse, för om vi vet att detta är Guds plan för våra liv så kan vi samarbeta med honom i denna process.

Hela himlen backar upp oss när vi tar emot kraften i hans förvandlande nåd. Kom ihåg att en kristuslik karaktär liknar Andens frukt, och det är detta vi är på väg in i. Du är kallad till att bära den frukt som består och att bli förvandlad till Guds avbild. Världen kommer att se Jesus uppenbarad på ett mäktigt sätt genom dig. Jag gillar hur The Passion Translation beskriver Andens frukt:

"Den frukt som produceras av den helige Ande inom er är gudomlig kärlek i alla dessa olika uttryck: glädje som flödar

över, frid som övervinner, tålamod som varar, godhet i handling, ett liv fyllt av värdighet, tro som förblir, hjärtlig mildhet andlig styrka. Sätt aldrig lagen över dessa kvaliteter, för de är menade att vara gränslösa" (Gal. 5:22-23 The Passion Translation; fritt tolkat till svenska).

Vi kan skapa en miljö där helighet kan växa

"Uppmuntra varandra i stället varje dag, så länge det heter i dag, så att ingen av er förhärdas genom syndens makt att bedra" (Hebr. 3:13).

En viktig strategi för att resa upp en mur till beskydd mot ett förhärdat hjärta, är att skapa en kultur och en atmosfär av uppmuntran. Därför handlar en stor del av profetisk betjäning i det Nya förbundet om att uppmuntra Kristi kropp (1 Kor. 14:3). På grund av det dagliga livets distraktioner och syndens bedrägliga lockelser är det lätt att vi förlorar motivation och fokus i vår vandring med Herren.

Men då är uppmuntran ett så mäktigt andligt vapen, just därför att det hjälper oss att förbli fokuserade och motiverade. Låt oss uppmuntra varandra att fortsätta i det uppdrag Herren gett oss att stärka vår relation med Kristus, för när vi gör det förmedlar vi Guds nåd till varandra. Barnabas är ett gott exempel på detta. När han besökte den nyligen planterade församlingen i Antiokia, så blev han glad när han såg vad Guds nåd hade åstadkommit, och han uppmuntrade dem att fortsätta framåt, tillsammans med Herren. Resultatet av detta var att församlingen upplevde en fortlöpande tillväxt (Apg. 11:23-24).

Att hämta kraft hos Herren

Precis om kung David behöver vi också lära oss hur vi kan uppmuntra oss själva genom att hämta kraft hos Herren:

"David var i stor fara, för folket hotade att stena honom. Så förbittrade var de alla, var och en för sina söners och döttrars skull. Men David hämtade kraft hos Herren sin Gud" (1 Sam. 30:6).

När vi mediterar, ber och bekänner Bibelns löften över våra liv så uppmuntrar vi oss själva i Herren. Detta händer också när vi tänker tillbaka på profetiska ord som talats in i våra liv och påminner oss om de visioner Gud har gett oss. Men vår allra viktigaste källa till uppmuntran är vår gemenskap med Kristus själv (Fil. 2:1). Genom Jesus har vi en aldrig sinande källa av uppmuntran. Han är den mest uppmuntrande personen i hela universum och vi kommer aldrig att bli nedslagna eller desillusionerade av vår gemenskap med Jesus.

Att bekänna våra synder och be för varandra

"Bekänn därför era synder för varandra och be för varandra så att ni blir helade. Den rättfärdiges bön har stor kraft och verkan" (Jak. 5:16).

Detta är ett kraftfullt bibliskt löfte i samband med bön. På grund av att vi blivit rättfärdiga inför Gud så är våra böner mäktiga och effektiva. Men i det här sammanhanget talas också om att bekänna våra synder för varandra. Jag tror inte att Jakobs avsikt med att uppmuntra till detta var att skapa ett religiöst mönster. Vad detta skriftställe handlar om är att det är bra för oss att ha goda relationer med bröder och systrar i Kristus. Då finns det förutsättningar för att vi kan vara transparenta med vad vi kämpar med, och få den hjälp vi behöver igenom bön och personligt stöd.

Genom åren har jag blivit välsignad av att ha just sådana vänner och mentorer i mitt liv. Eftersom våra relationer grundats på uppmuntran och förtroende har jag alltid känt mig trygg med att kunna bekänna min kamp och mina synder för dem så att de kan stå med mig i bön. Detta har i många år varit en viktig del av mitt kristna liv, och jag tror inte att jag hade varit där jag nu är, i min vandring med Gud, om jag inte hade haft sådana relationer.

Att stå ansvarig inför någon handlar inte bara om att få hjälp att hålla sig borta från misslyckanden, utan ännu mer om att uppmuntras till att leva ut vår hela potential i Kristus. När våra nära relationer bygger på uppmuntran och nåd, är det mycket lättare att leva transparent, när vi kämpar med vissa synder och svagheter. Vi behöver alla vänner och mentorer i vårt liv som kan stötta med goda råd och förböner. Detta kommer att hjälpa oss att nå vår fulla potential i Kristus och leva fruktbara liv.

KAPITEL 8: HELANDE &
UPPRÄTTELSE

I förra kapitlet lyfte vi upp hur Guds nåd helgar oss. En viktig del av ett helgat liv är vår själs upprättelse. Orsaken till att många människor fastnar i synd och destruktiva beteenden är att det finns oläkta sår från det förflutna. Därför behöver dessa sår läkas för att den troende skall kunna leva ett fruktbärande liv. Evangeliet är goda nyheter även för den som har ett trasigt förflutet, för genom Jesu sår finns helande och upprättelse för varje trasigt hjärta.

Den nya skapelsen och själens upprättelse

"Därför känner vi inte längre någon på ett ytligt sätt. Även om vi har känt Kristus på ett ytligt sätt, känner vi honom inte så längre. Om någon är i Kristus är han alltså en ny skapelse. Det gamla är förbi, något nytt har kommit" (2 Kor. 5:16-17).

Dessa bibelverser beskriver två olika sätt att känna människor, inklusive oss själva; antingen på ett ytligt sätt, eller som nya skapelser i Kristus. Att känna någon på ett ytligt sätt innebär att vi ser på någon annan person utifrån, och bedömer personen utifrån vad hon eller han åstadkommit i det naturliga.

Att i stället känna människor som nya skapelser innebär att vi ser vad var och en är i Kristus. Om vi vill att våra liv ska förvandlas behöver vi känna till vilka vi är i Kristus. Det är nämligen bara i honom som vi finner vår rätta identitet. När vi växer i uppenbarelsen om vilka vi är i Kristus, kommer våra själar bli helade och upprättade från all trasighet och sår. Då kan vi återspegla Jesus i denna värld. Vårt sinne, känsloliv och vilja blir då upprättade från de skador som synd och inre sår förorsakat.

- *Våra sinnen* blir förvandlade när vi förnyas genom Guds Ord. Då kommer alla fästen och falska tankemönster, som byggts upp inom oss, att rivas ner. I stället kommer våra sinnen bli fästen för Guds Ord.

- *Våra känslor* blir helade när vi tar emot Guds Faderskärlek in i våra hjärtan. Inre helande kommer av att vi möter Guds nåd, och vårt känsloliv kommer då mer och mer spegla det inre liv som präglade Jesus Kristus.
  Då kommer också Andens frukt – som frid, tålamod och glädje – mer och mer prägla våra känslor, när vi förbliver i Guds kärlek.

- *Vår vilja* befrias genom Kristi kraft som verkar inom oss. Detta innebär att vår vilja, som tidigare var bunden av synd, inre sår och demoniskt betryck, blir befriad genom Guds nåd. Detta kommer att göra oss mer och mer fria att göra gudomliga val. Vi behöver ha en stark och helgad vilja för att kunna följa Kristus på det sätt som är allra mest fruktbart.

En av anledningarna till att personlig förvandling och upprättelse är ett så viktigt ämne för mig är att mitt eget liv har blivit så radikalt befriat och upprättat genom Guds nåd. Jag var tidigare en osäker och trasig tonåring, plågad av både ångest och sociala fobier. Dessutom var jag bunden i nyandlighet, vilket jag hade praktiserat i många år. Mina två värsta rädslor var att tala inför andra och att resa. Nu har Gud förvandlat mig till en resande predikant som reser i många länder och predikar i olika församlingar hela tiden. Då kan du förstå vilket mirakel som Guds nåd har verkat fram i mitt liv. Den process av upprättelse som Kristus förde mig igenom var grundläggande en resa, där jag lärde mig sluta identifiera mig med mitt förflutna, för att i stället ha min identitet i Kristus. Detta har förändrat mitt liv i alla avseenden.

Processen av upprättelse

"Herren är Anden, och där Herrens Ande är, där är frihet. Och alla vi som med obeslöjat ansikte ser Herrens härlighet som i en spegel, vi förvandlas till en och samma bild, från härlighet till härlighet. Det sker genom Herren, Anden" (2 Kor. 3:17-18).

När vi föddes på nytt började den helige Ande genast sitt verk att upprätta oss till Kristi avbild. Vi har redan sett att vi är nya skapelser i Jesus Kristus. Bibeln säger att *"så som han är, sådana är också vi i den här världen"* (1 Joh. 4:17). Vi är nu heliga och fläckfria barn till Gud, och nu pågår en process där Gud upprättar våra liv så att vi kan börja leva våra liv utifrån vår identitet i Kristus. Vi är kallade att vara lika Kristus, vilket innebär att våra känslor, tankar och vilja, mer och mer återspeglar vem Kristus är. Återupprättelsen av vår sanna personlighet handlar om att vår själ förvandlas genom att Guds liv verkar i oss.

"Må fridens Gud själv helga er helt och fullt, och må er ande, själ och kropp bevaras hela så att ni är utan fläck när vår Herre Jesus Kristus kommer" (1 Tess. 5:23).

En kristuslik person är en känslomässigt upprättad person. Den försoning som Jesus fullbordade på korset gäller hela personligheten – ande, själ och kropp. Detta är viktigt att komma ihåg. Jesus tog itu med det andliga problemet av synd och separation från Gud, och likaså omintetgjorde han syndens konsekvenser. Syndens följder, som betryck och sjukdom, påverkar både själ och kropp, och Guds nåd ger upprättelse på livets alla områden.

Evangeliets förvandlande makt

"Hela Skriften är utandad av Gud och nyttig till undervisning, tillrättavisning, upprättelse och fostran i rättfärdighet, så att gudsmänniskan blir fullt färdig, väl rustad för varje god gärning" (2 Tim. 3:16-17).

Ibland underskattar vi makten i Guds Ord och kraften i att frimodigt proklamera det Ordet säger.

Bibeln är inte bara en vanlig bok, som är fylld med fakta och teologisk information. Nej, Bibeln är Guds Ord och hela dess innehåll är ande och liv. När vi predikar evangeliet så förlöses Guds kraft, vilket leder till förvandlade liv. Våra liv blir förvandlade och upprättade, när vi får uppenbarelse om vilka vi är i Kristus, eftersom uppenbarelsen alltid verkar liv i oss.

"Jag skäms inte för evangeliet. Det är en Guds kraft till frälsning för var och en som tror, juden först men också greken. I evangeliet uppenbaras rättfärdighet från Gud, av tro till tro, som det står skrivet: Den rättfärdige ska leva av tro" (Rom. 1:16-17).

När Guds Ord predikas, så verkar Guds kraft till frälsning för att förvandla och upprätta liv. Det ord som här översätts frälsning är ordet *sōtēria*, som också kan översättas "befrielse" och "hälsa". Kraften i evangeliet verkar frälsning, helande och befrielse för hela människan. Vi behöver känna till att evangeliet uppenbarar Guds rättfärdighet, vilket är vår identitet i Kristus (2 Kor. 5:21). Evangeliet uppenbarar inte våra synder och misslyckanden, utan vilka vi är i Kristus. På det sättet verkar evangeliet upprättelse för hela människan. I ljuset av evangeliet kan vi se vilka vi var menade att vara och bli befriade till att leva ut vår sanna identitet i Kristus.

Den nya skapelsens terapi

"Om någon är i Kristus är han alltså en ny skapelse. Det gamla är förbi, något nytt har kommit" (2 Kor. 5:17).

Vi har sett att processen av upprättelse innebär att vi blir vad vi redan är. Vi har som sagt redan blivit helgade och fullkomliga i Kristus, och nu förvandlas vi så att hela vår livsstil återspeglar vilka vi är i Kristus.
Vi finner läkedom genom Jesu sår, och genom Jesu försoningsverk kan den helige Ande förvandla oss till upprättade, kristuslika personer. Denna pågående process kallar jag "den nya skapelsens terapi". Biblisk upprättelse byggs alltid på de realiteter som finns i den nya skapelsen. Att lära känna vilka vi är i Kristus är nämligen det enda sättet att veta vilka vi är menade att vara.

Gud har aldrig tänkt att vi ska upptäcka vilka vi är genom att se på oss själva. När människor gör detta, så slutar det med att de står där med en mycket förvirrad och förvriden bild av sig själva. Detta är orsaken till att alltför många idag lever i förvirring gällande vilka de är. Det är endast när vi ser på Kristus som vi ser sanningen, eftersom han är originalbilden och vi är skapade till hans avbild. Förvandling och upprättelse är frukten av att veta vilka vi är i Kristus. Den helige Ande vill uppmuntra och trösta oss genom att i vår ande vittna om vår identitet som Guds barn.

"Anden själv vittnar med vår ande att vi är Guds barn" (Rom. 8:16). Den upprättande kraften i Guds nåd aktiveras och verkar genom uppenbarelsen om vilka vi är i Kristus. Motsatsen är också den sann; nämligen att den process, genom vilken synden förstör och bedrar den troende, alltid är en följd av en förvirrad identitet och brist på insikt om Kristi fullbordade verk.

Att förnya sinnet

"Och anpassa er inte efter den här världen, utan låt er förvandlas genom förnyelsen av ert sinne så att ni kan pröva vad som är Guds vilja: det som är gott och fullkomligt och behagar honom" (Rom. 12:2).

Guds perfekta vilja är mycket större än att enbart känna till hans planer för våra liv och våra personliga kallelser. Guds fullkomliga vilja för oss är att vi ska förbli i Kristus. Att förnya sinnet innebär att dagligen meditera över Guds ord och den verklighet som finns i den nya skapelsen. Då samarbetar vi med den helige Andes pågående process av upprättelse.

Sinnets förnyelse är en viktig del av vårt liv med Jesus, eftersom Ordet bryter ner alla destruktiva fästen i våra liv. När vi blev frälsta korsfästes och dog vår syndiga natur (Rom. 6:6), men de syndiga vanorna fanns kvar, eftersom vårt sinne och känsloliv inte förvandlades automatiskt. Vi har inte längre en syndig natur, men måste ändå fortfarande förnya vårt sinne för att själen ska bli upprättad. Våra sinnen är det slagfält, där kriget om vår befrielse måste vinnas.

"Vapnen vi strider med är inte köttsliga utan har kraft från Gud att bryta ner fästen. Ja, vi bryter ner tankebyggnader och allt högt som reser sig mot kunskapen om Gud. Vi gör varje tanke till en lydig fånge hos Kristus" (2 Kor. 10:4-5).

Våra själars frälsning

Detta är vad Jakob kallar själens frälsning i följande vers:

"Lägg därför bort all orenhet och all ondska och ta ödmjukt emot ordet, som är inplanterat i er och har makt att frälsa era själar" (Jak. 1:21).

Det Guds Ord som Jakob här uppmuntrar oss att ta emot är evangeliet, som uppenbarar vad Jesus gjort för oss på korset och vilka vi nu är i honom. När vi sedan förblir i Guds Ord, och låter det uppfylla våra hjärtan, så blir våra själar förvandlade.
Vår ande *är* redan fullkomlig och helig, och vår själ *blir* frälst och förvandlad genom Guds Ord och den helige Andes kraft. Detta är var Paulus hänvisar till i Kolosserbrevet, där han beskriver sin kallelse att föra fram varje människa som fullkomlig i Kristus:

"Honom predikar vi genom att förmana varje människa och undervisa varje människa med all vishet, för att föra fram varje människa som fullkomlig i Kristus. För det målet arbetar och kämpar jag i hans kraft, som verkar mäktigt i mig" (Kol. 1:28-29).

Paulus menar inte att det var han som gjorde hedningarna fullkomliga genom sin tjänst. Det var genom den uppenbarelse Paulus förmedlade om vilka de var i Kristus, som de fick tag på sin nya identitet. De fick sina liv förvandlade genom insikten om att de redan blivit helgade och fullkomnade igenom Jesus. Det är genom uppenbarelsen av vad Jesus fullbordade på korset, och hur den segern fungerar för oss idag, som vi också förvandlas.

Jesus är våra själars herde

"Han bar våra synder i sin kropp upp på korsets trä, för att vi skulle dö bort från synderna och leva för rättfärdigheten. Genom hans sår är ni helade. Ni var som vilsna får, men nu har ni vänt om till era själars herde och vårdare" (1 Petr. 2:24-25).

I dessa bibelverser kan vi se att helande är en del av vårt arv i Kristus. Det betyder inte att alla troende automatiskt är helade, men att vi kan be om och förvänta oss att Gud vill vårt helande. I sammanhanget ser vi också att helande är en viktig aspekt av vår tjänst för Kristus idag. Jesus är vår herde och själavårdare som erbjuder helande och upprättelse även för själen. Allt det som Jesus är för oss, vill han också vara genom oss, till andra människor. Därför vill Gud använda oss till att förmedla helande, både till trasiga kroppar och sårade hjärtan.

I Psalm 23 i Psaltaren finner vi en fin beskrivning av denna tjänst:

"Herren är min herde, mig ska inget fattas. Han låter mig vila på gröna ängar, han för mig till vatten där jag finner ro. Han ger liv åt min själ, han leder mig på rätta vägar för sitt namns skull" (Ps. 23:1-3).

Såväl gudomlig ledning som upprättelse för våra själar ingår som en del i allt som Kristus förser oss med idag. Det är viktigt för oss att vår själ är upprättad om vi ska bli stabila i vår vandring med Gud. Annars blir det mycket svårare att hantera de utmaningar vi kommer att möta när vi lever i Guds vilja.

Att följa Jesus innebär ju att vi har valt en väldigt annorlunda livsstil i jämförelse med vår omgivning. Vi kommer också att behöva hantera andliga attacker och

utmaningarna som kommer med att betjäna andra
människor i den helige Andes kraft. Då behöver vi ett
upprättat själsliv, som är befäst i vår nya identitet i
Kristus.

Helandesmörjelsen

Jesus är själens herde och vårdare, och det finns en
smörjelse av helande och upprättelse, som är given till
varje troende. Jesus beskriver denna smörjelse på
följande sätt:

*"Herrens Ande är över mig, för han har smort mig till att
förkunna glädjens budskap för de fattiga. Han har sänt mig
att utropa frihet för de fångna och syn för de blinda, att ge
de förtryckta frihet och förkunna ett nådens år från Herren"*
(Luk. 4:18-19).

Dessa verser beskriver Jesu eget uppdrag och tjänst
som vår herde och själavårdare. Speciellt orden att
Jesus kom för att *"utropa frihet för de fångna"* och *"att ge
de förtryckta frihet"*. Hans vilja är att ingen troende ska
behöva leva kvar i sår och det förflutnas smärta, och
det är av den anledningen som han erbjuder helande
och upprättelse för vår själ.

När jag blev frälst, var uppenbarelsen om Jesus som
min herde särskilt viktig. När Jesus kom in i mitt liv
hade jag i många år varit förvirrad och därför saknat
både vägledning och fokus inför mitt liv och min
framtid. Men Jesus tog med mig på en resa hem till
Fadern och förde mig in i en djup relation med honom
som gjorde mig hel. Den relation vi får med vår
himmelske Fader är både djupt läkande och ger oss
den stabilitet och trygghet vi behöver för att leva med
Jesus fullt ut.

På korset fullbordade Jesus helande och upprättelse för oss

"Men det var våra sjukdomar han bar, våra smärtor tog han på sig, medan vi såg honom som hemsökt, slagen av Gud och pinad. Han blev genomborrad för våra brott, slagen för våra synder. Straffet blev lagt på honom för att vi skulle få frid, och genom hans sår är vi helade" (Jes. 53:4-5).

Petrus citerar dessa verser från Jesaja bok för att klargöra att helande vanns åt oss på korset. Men i stället för att direkt citera att vi *blir* helade säger Petrus att vi *blivit* helade (1 Petr. 2:24-25). Jesaja såg profetiskt fram emot korset i tro, medan Petrus redan lever i realiteten av att Jesus redan fullbordat allt. Helande är inte något som ska komma i framtiden utan något som Jesus redan vunnit för oss. Vi har blivit helade genom Jesu Kristi sår. Vi får del av det helandet av nåd och tar emot det genom tro.

Den nya skapelsen och fysiskt helande

Jesus har förberett helande för hela människan. I de verser vi precis har citerat, beskriver Jesaja och Petrus inte andligt helande. Det är nämligen inte så att anden blir helad när någon föds på nytt. Människans ande förnyas och återskapas genom den nya födelsen. Vår mänskliga ande blev inte helad när vi blev frälsta, den föddes på nytt. I 2 Kor. 5:17, kan vi läsa att om att den som är i Kristus har blivit en ny skapelse. Det gamla är förgånget och allt har blivit nytt. Det både Jesaja och Petrus beskriver är att fysiskt helande ingår i Jesu försoningsverk.

Jesus ger frid och inre harmoni

Jesaja 53 beskriver också att *"straffet blev lagt på honom för att vi skulle få frid, och genom hans sår är vi helade"* (Jes. 53:5). Igenom Jesus får vi del av Guds egen frid. Det hebreiska ordet för frid är *šālôm*, vilket betyder helande, frid och överflöd. I våra kroppar behöver vi inte ha frid, men det behöver vi ha i vårt sinne och Gud vill att vår själ ska må bra. Som det står i 3 Joh. vers 2: *"Jag hoppas att det går väl för dig på alla sätt och att du är frisk, liksom det är väl med din själ"*. Inre frid och en frisk och välmående själ ingår i de välsignelser vi har mottagit från Fadern, eftersom Jesus vunnit detta för oss genom sitt försoningsverk på korset. När vi i vårt känsloliv tar del av det Jesus vann för oss på korset, kommer det också att påverka vår fysiska och psykiska hälsa på bästa sätt. Som bekant är många sjukdomar stressrelaterade, och när vi lever i frid kommer roten till sådana sjukdomar inte längre finnas kvar. Då kan vi i stället upprättas till hälsa och liv.

Känslomässiga sår drar till sig demonisk aktivitet

"Grips ni av vrede, synda inte. Låt inte solen gå ner över er vrede och ge inte djävulen något tillfälle" (Ef. 4:26-27).

Paulus associerar ogudaktig ilska med att ge plats åt djävulen. Detta är en andlig princip. Om vi inte tar itu med förgiftande känslor öppnar vi för demonisk aktivitet. Den slutsatsen bekräftas av författaren till Hebréerbrevet:

"Sök frid med alla och helgelse, för utan helgelse kommer ingen att se Herren. Se till att ingen går miste om Guds nåd och att ingen bitter rot får växa upp och skada och smitta många" (Hebr. 12:14-15).

En bitter rot skadar många och där det finns en andlig besmittelse finns det också demonisk aktivitet. Om vi inte tillåter den helige Ande att förmedla helande till våra känslomässiga sår, kommer djävulen ha laglig rätt att verka i våra liv. Alla som är kallade till tjänst för Herren kommer tidvis bli sårade, för där det finns människor finns det också problem. De goda nyheterna är att vi inte behöver skydda oss själva genom att bygga upp murar och få hårda hjärtan. I vår gemenskap med Kristus har vi beskydd och helande och där finner de som har brustna hjärtan upprättelse och hopp, för Jesus är våra själars läkare.

Tröst och uppmuntran från Gud

Om ni nu har tröst hos Kristus, om ni får uppmuntran av hans kärlek, gemenskap i Anden och medkänsla och barmhärtighet" (Fil. 2:1).

Vår gemenskap med Gud skänker uppmuntran och tröst i överflöd. När vi studerar vem Gud är, kommer vi finna att uppmuntran och tröst är något mycket betydelsefullt för honom. Vi har just läst att det finns uppmuntran och tröst i Kristus. Gud, vår himmelske Far kallas också *"barmhärtighetens Far och all trösts Gud!"* (2 Kor. 1:3). Även den helige Ande betjänar os med himmelsk tröst. Han är vår Hjälpare, vilket också betyder att han är vår tröstare. *"Men Hjälparen, den helige Ande som Fadern ska sända i mitt namn, han ska lära er allt och påminna er om allt som jag sagt er"* (Joh. 14:26).

Den helige Ande ska vara hos oss för alltid (Joh. 14:16). När vi tar emot den tröst och uppmuntran som han vill ge så får vi del av hans goda. Att ta emot tröst från Gud handlar inte enbart om att höra honom tala tröstande ord till oss; själva hans närvaro tröstar oss och att läsa

113

och begrunda Guds Ord förmedlar också tröst (Rom. 15:4). När vi lär oss förbli i Guds närvaro varje dag kommer vi att ha den uppmuntran och tröst vi behöver, vilken situation vi än hamnar i. Då blir himmelsk uppmuntran, tröst och gemenskap med Kristus en intern kultur, som beskyddar våra hjärtan från sår, besvikelser och bitterhet.

Det tog lite tid för mig att vänja mig vid att ta emot tröst från Fadern. Jag hade aldrig riktigt föreställt mig min relation med Gud som en plats där jag kunde vara sårbar och ta emot tröst. Jag hade så klart kunskap om att det var så, men det är skillnad på att veta något intellektuellt, i jämförelse med att ha ett öppet hjärta som tar emot från Gud. När jag tjänat Gud ett par år hade jag mött såväl besvikelse som många andra smärtsamma situationer. Eftersom jag inte hade någon aning om hur jag skulle hantera smärtan, förträngde jag den bara och låtsades som om den inte fanns. Till slut blev den inre pressen, som orsakats av all lagrad smärta, alltför stor.

En morgon när jag bad började jag plötsligt gråta, samtidigt som all lagrad smärta började komma upp till ytan. Det var en smärtsam resa, men väldigt nyttig. Det var genom de erfarenheter jag fick med mig under den processens som jag lärde mig att komma till Fadern med all min smärta för att ta emot den tröst jag behöver. Jag kände han tröstande kärlek på ett starkt och mycket läkande sätt under några dagar, tills jag hade överlåtit all min smärta och mina tårar till honom. Under dessa dagar lärde jag mig att komma till Herren för att få tröst, och nu har detta blivit en livsstil för mig. Mitt hjärta är numera alltid öppet och redo att ta emot tröst och uppmuntran från Gud.

KAPITEL 9: FRÅN SKAM TILL NY IDENTITET I KRISTUS

Vi slog fast i förra kapitlet att helande för hela människan finns berett för oss genom Jesu fullbordade verk på korset. Frälsningen är till för hela människan. Vår själ blir upprättad i mötet med Faderns kärlek när vi lever i gemenskap med honom. Väldigt mycket av den trasighet vi upplever har med en felaktig bild av oss själva att göra. Det är därför det är så viktigt att vi får tag på vår identitet i Kristus. Genom att vi lär känna vad Jesus har gjort för oss, och vilka vi är i Honom, blir vi lösta från både skam och skuld. Genom Guds nåd har vi fått en ny identitet, som Guds älskade barn.

Skam och skuld

Skam och skuld är två av de vanligaste rötterna till att troende har svårt att bejaka sin identitet i Kristus, och vi har i ett tidigare kapitel konstaterat att Jesus löste skuldproblemet genom att nagla det fast vid korset. Nu ska vi se närmare på problemet att leva med en skambaserad identitet. Att bära på tyngande skam är direkt relaterat till problem med identiteten. Den som skäms för sig själv har accepterat lögnen att något i personligheten är fel och att man därför inte förtjänar att älskas.

Skam kom in i världen vid syndafallet. Så här beskrivs det i Bibeln: *"...hon (Eva) tog av frukten och åt. Hon gav också till sin man som var med henne, och han åt. Då öppnades ögonen på dem båda, och de märkte att de var nakna. Och de fäste ihop fikonlöv och gjorde sig höftskynken"* (1 Mos. 3:6-7). Så snart Adam och Eva hade ätit frukten från kunskapens träd på gott och ont, blev de självfixerade och kände skam över sig själva. De gömde sig för varandra och den skam de upplevde hade även förödande konsekvenser för deras relation med Gud. *"Herren Gud kallade på mannen och sade till honom: 'Var är du'? Han svarade: 'Jag hörde ljudet av dig i lustgården och blev rädd eftersom jag är naken. Därför gömde jag mig'. Då sade han: 'Vem har berättat för dig att du är naken'?"* (1 Mos. 3:9-11).

Adam och Eva kände genast att de måste gömma sig både för Gud och varandra när de hade fallit i synd. Förut hade de kunde leva nakna utan att skämmas, både inför Gud och varandra. Men nu bar de på en känsla av att de inte längre var bra nog och att det var något fel med dem. Det är frukten av skam i våra liv. Skam skapar alltid fruktan och behov av att ta på en mask, såväl i relationen med Gud som i mänskliga relationer. Anledningen till detta är att skam får oss att tycka illa om oss själva, vilket gör att vi vill gömma oss bakom masker, för att försöka vara någon annan än vad Gud skapat oss till. Det är verkligen förödande att leva med en konstant känsla av att något är fel med oss, för vi är inte skapade till att leva på det sättet.

Skam uppstår när personer som blivit utsatta för övergrepp, trauman eller andra smärtsamma saker stänger in den skam detta förorsakat. En följd av detta är ofta att personen känner skam över vem den är, och inte enbart över det övergrepp personen utsatts för. Detta blir då till en självpåtagen identitet av skam. En sådan skada helas genom att vi öppna sig för Guds Faderskärlek. Han älskar oss och accepterar oss precis som vi är och en sann förvandling upprättar vår verkliga personlighet så att vi kan bli de människor Gud har skapat oss att vara.

En skambaserad identitet

Som vi redan sett var skam ett av de första uttrycken för att synden gjort sitt intåg i världen och alltsedan dess har den skambaserade identiteten varit ett globalt problem. De flesta kämpar till viss del med skam. Beroende på uppväxt, erfarenheter av förkastelse och hur livet utvecklat sig kan detta vara ett större eller ett mindre problem. Om man inte tar tag i detta problem ordentligt kan skam bli till ett fäste som växer till och blir en grund till såväl identitet som självkänsla. Varje människa behöver bli fri från en identitet som baseras på skam. Den enda vägen till frihet är att lära känna Kristi kärlek och ta emot den bekräftelse som Gud ger.

Mefiboset- ett exempel på skambaserad identitet

Mefiboset är ett tydligt bibliskt exempel på en sådan person. Han var son till kung Davids vän Jonatan och sonson till kung Saul. När David blev Israels kung, började han söka efter någon från Sauls familj, som han kunde visa välvilja, för sin vän Jonatans skull (2 Sam. 9:1-5). Han fick då veta att Mefiboset ännu levde och hämtade hem honom från exilen. Så här beskriver Bibeln vad som hände när Mefiboset fördes fram till kung David:

"David sade till honom: Var inte rädd, för jag vill visa godhet mot dig för din far Jonatans skull. Jag ska ge tillbaka till dig all mark som tillhört din farfar Saul, och du ska alltid äta vid mitt bord. Då bugade han sig och sade: Vad är din tjänare, att du skulle bry dig om en död hund som jag" (2 Sam. 9:7-8)?

Han kallar alltså sig själv en död hund, och i sina egna ögon var han helt ovärdig den välvilja som David ville visa honom. Detta är en mycket bra illustration av hur en identitet av skam tar sig uttryck. Den får människor att känna sig ovärdiga den favör och nåd som Gud vill ge. Vi kan få audiens med Kung Jesus närhelst vi vill och han har välsignat oss med det bästa som himlen har att erbjuda. En person som plågas av skam ser sig aldrig värdig att ta emot sitt arv i Kristus. Ibland kallar jag detta *"en död hunds mentalitet"*, med hänvisning till det bibelsammanhang vi just citerat.

Hälsosam skam

Det finns också en hälsosam skam som vi alla upplevt då och då. Detta är den känsla vi upplever när vi gjort något fel och skäms över detta. Om jag syndar mot eller skadar en annan människa så är skam en högst naturlig reaktion. Det finns således en naturlig skam som det är normalt att känna, när vi sårat någon eller förstört något som tillhör någon annan. Då är det normalt att skämmas och önska att vi inte gjort detta misstag. Men vi kan då ta emot förlåtelse från Gud, och sedan gå vidare i våra liv. Detta är alltså något normalt och hälsosamt. Det påminner oss om vår svaghet och mänskliga bristfällighet eftersom vi alla gör misstag hela tiden. Men när skam blir en identitet är den skadlig för oss, och det är den typen av skam vi har tagit upp i det här sammanhanget.

Förväxla inte skam med ödmjukhet

I kristna sammanhang har ibland en skambaserad relation med Gud förväxlats med ödmjukhet. Detta har resulterat i lärosatser som slagit fast att vi endast är syndare frälsta av nåd, och ovärdiga att ta emot något från Gud. Guds välsignelser får vänta tills vi kommer till himlen, påstås det. I vissa kristna sammanhang kallas det ödmjukhet. Men det är inte ödmjukhet att diskvalificera oss själva från att ta emot

118

de välsignelser som Kristus har vunnit för oss. Egentligen handlar detta om stolthet eftersom det upphöjer synd och hindrar Kristi kors att verka i människors liv. Sann ödmjukhet handlar om att vara överens med Gud, som säger att vi är heliga, fläckfria och värdiga allt det som Jesus erbjuder oss. Han har gjort oss värdiga att leva i det nya förbundet och att tjäna Herren i den helige Andes kraft. *"Han har gett oss förmåga att vara tjänare åt ett nytt förbund, som inte är bokstavens utan Andens. Bokstaven dödar, men Anden ger liv"* (2 Kor. 3:6).

Sann ödmjukhet frigör oss från syndamedvetande genom att den flyttar vårt fokus från oss själva till Kristus. Falsk ödmjukhet gör oss syndamedvetna och självcentrerade. Detta är frukten av ett budskap som är fokuserat på skam och med rötter i religiositet. Eftersom människor har vant sig vid att leva i skam tar de emot en sådan undervisning som sanning. De har blivit så vana att leva med känslan att det är något fel på dem och att de är ovärdiga att bli älskade. Därför är det ofta mycket svårt för dem att ta emot undervisning om vad vi är i Kristus.

Att leva i en uppenbarelse om vår identitet i Kristus konfronterar roten till den skambaserade identiteten. Guds Ord förklarar nämligen att vi är godkända, älskade och välsignade barn till Gud. När hans kärlek blir vårt fokus så drivs skamkänslorna ut genom Guds ovillkorliga bejakande av oss och den tröst detta ger. Så kan vi uppleva nådens förvandlande verk och börja leva ut vår verkliga identitet i Kristus.

En ny identitet

"Jesus som helgar och de som helgas har alla en och samme Far. Därför skäms han inte för att kalla dem bröder" (Hebr. 2:11). Jesus skäms inte för att kalla oss bröder. Det är viktigt att vi inser att det inte finns någon plats för skam i vår relation med Gud. Han tar emot oss utan reservationer och Jesus gläder sig över att kalla oss bröder. Vi ingår i den himmelska familjen. Som jag redan nämnt kämpade jag förut väldigt mycket med skam. Det första och viktigaste delen i min befrielse och läkedom var att jag fick del av den helige Andes uppenbarelse.

Den helige Ande är en underbar hjälpare och vän, och han vet precis hur han skall nå våra hjärtan. Han hittade en väg förbi mina murar av skam och började ösa Faderns kärlek in i mitt hjärta. Han visade mig också på min nya identitet i Kristus. När den helige Ande uppenbarade för mig vilken identitet jag har i Kristus så skrev jag en lista med proklamationer av de bibliska sanningar som jag får leva i som Guds barn. Jag proklamerade dagligen ut dessa sanningar över mitt liv och med tiden bröt dessa sanningar ner lögnens fästen i mitt sinne och etablerade mitt hjärta i sanningen om vem jag är i Kristus.

En annan viktig del i min upprättelse var att jag fick hjälp genom andefylld undervisning och personlig vägledning. Den hjälpen fick jag till stor del när jag valde att gå bibelskola. Ganska snart efter att jag blivit frälst gick jag på församlingen Arkens bibelskola i Kungsängen, som heter Jesus Helar och Upprättar. Den undervisning och själavård jag fick där stärkte det verk i mig som den helige Ande redan hade påbörjat. En annan välsignelse som bibelskolan gav, var att jag träffade min fru där. Vi har båda blivit förvandlade och upprättade av att lära känna Jesus som vår själs herde och vårdare. Vi kom båda från en trasig bakgrund och nyckeln till upprättelse för oss var att få tag på vår identitet i Kristus. Det har gett oss en frihet och trygghet i livet som håller genom allt.

Proklamera sanningen!

"Jag säger er sanningen: Om någon säger till det här berget: Lyft dig och kasta dig i havet, och inte tvivlar i sitt hjärta utan tror att det han säger ska ske, då kommer det att ske för honom. Därför säger jag er: Allt vad ni ber om och begär, tro att ni har fått det, så ska det bli ert" (Mark 11:23-24).

Vi har redan tagit upp betydelsen av att förnya vårt sinne, men det är också betydelsefullt att vårt tal uttrycker vilka vi är. Tungan har makt över död och liv (Ords. 18:21), därför är det viktigt att ta som vana att proklamera vår identitet i Kristus över våra liv. Då kommer berget av skam att kastas i glömskans hav. Principen att tro och tala ut finner vi i Romarbrevet 10, där Paulus skriver: *"Med hjärtat tror man och blir rättfärdig, med munnen bekänner man och blir frälst"* (Rom. 10:10). Vi får tro i våra hjärtan när vi tar emot Guds Ord, och vi aktiverar vår tro och Guds kraft genom att tala ut det vi tror. Att tala ut Guds Ord är också ett sätt att föröka sin tro, eftersom tron kommer av predikan (Rom. 10:17).

Jag nämnde tidigare att jag gjorde en lista över de uppenbarelser den helige Ande gav mig om den nya skapelsen. Jag vill dela min lista med dig här. Med det vill jag visa på hur viktig vår nya identitet i Kristus är för förvandlingsprocessen. Vi har redan gått igenom vissa delar som finns med i denna lista, men de är väl värda att lyftas ännu en gång. Jag har formulerat dem som proklamationer och du kan använda dem som ett hjälpmedel att förlösa Guds nåd över ditt liv.

- **Jag är älskad av min himmelske Far och han gläder sig över mig**

  "Så har kärleken nått sitt mål hos oss: att vi har frimodighet på domens dag. För sådan han är, sådana är också vi i den här världen" (1 John 4:17). Eftersom vi blivit nya skapelser lever vi nu våra liv i Kristus och är lika honom. När Fadern ser på oss, ser han oss på samma sätt som han ser Jesus. Detta innebär att följande bibelord också kan tillämpas på oss: *"Han är min älskade Son. I honom har jag min glädje"* (Matt 3:17). Vi är vår Fars älskade barn, och han gläds och är stolt över oss. Han älskar att ha gemenskap med oss, och vi har alltid en plats i hans hjärta. Alla är vi hans favoritbarn.

- **Jag är min Fars favoritbarn, och är innesluten i hans oerhörda kärlek**

  "Se vilken kärlek Fadern har skänkt oss: att vi får kallas Guds barn! Och det är vi också. Världen känner oss inte, eftersom den inte har lärt känna honom" (1 Joh. 3:1). Guds kärlek till oss är inte vilken kärlek som helst. Det är en *förunderlig* kärlek som han slösar på oss. Han älskar oss alltför mycket för att göra det på vanligt sätt! Det handlar ändå om att han älskar oss lika högt som sin älskade Son.

- **Jag var utvald och älskad av Fadern innan han hade skapat världen**

  "Han har utvalt oss i honom före världens skapelse till att vara heliga och fläckfria inför honom" (Ef. 1:4). Till

och med innan han skapade världen, väntade Gud redan på den dag, då du skulle födas. Han utvalde och älskade dig långt innan någon annan någonsin haft tillfälle att förkasta dig. Du är mycket djupt älskad och välsignad av den allra mest betydelsefulla och mäktigaste personen i universum – vår himmelske Far.

- **Jesus är min storebror och han skäms inte över mig**

"Jesus som helgar och de som helgas har alla en och samme Far. Därför skäms han inte för att kalla dem bröder" (och systrar) (Hebr. 2:11). Som vi redan har noterat finns det ingen skam involverad i vår relation med Kristus. Han är mycket lycklig över att kalla oss sina älskade bröder och systrar. Vår himmelska familj är faktiskt en skamfri zon, där ovillkorligt bejakande och hedersbetygelser är det nya normala.

- **Jag är helig och fläckfri inför Gud**

"Han har utvalt oss i honom före världens skapelse till att vara heliga och fläckfria inför honom" (Ef. 1:4). Fadern hittar inget fel på dig. Du är ett heligt och fullkomligt barn till Gud (Hebr. 10:14). I hans ögon är du det barn han alltid velat ha, och han är otroligt stolt över dig.

- **Jag har blivit värdig och kvalificerad att ta emot min arvslott i Kristus**

"Och är vi barn så är vi också arvingar, Guds arvingar och Kristi medarvingar, lika visst som vi lider med honom för att också förhärligas med honom" (Rom. 8:17). Vi är redan Kristi medarvingar och det har behagat honom att ge oss Guds rike till arvedel.

Han är en generös Far som älskar att ge oss goda gåvor. *"Så var aldrig rädda, kära vänner! Er kärleksfulle far ger er med glädje sitt rike, med alla dess löften!"* (Lukas 12:32, fritt tolkat från "The Passion Translation").

- ***Jag har Guds favör och jag är välsignad med alla andliga välsignelser i Kristus Jesus***

  "Välsignad är vår Herre Jesu Kristi Gud och Far, som i Kristus har välsignat oss med all andlig välsignelse i himlen!" (Ef. 1:3). Vår himmelske Far har redan nu välsignat oss med all andliga välsignelse i Kristus. Att leva i skam kan på många sätt jämföras med att leva under en ständig känsla av förbannelse. En olustig aning om att något är fel med dig och att du hela tiden måste bli bättre. Men på korset blev Jesus till en förbannelse för din skull (Gal. 3:13), och genom honom har alla himlens välsignelser förlösts över ditt liv. Därför är du nu ett högt favoriserat barn till Gud.

- ***Jag är mer än en övervinnare genom honom som älskar mig***

  "I allt detta vinner vi en överväldigande seger genom honom som har älskat oss" (Rom. 8:37). Kristus är din starkhet, och hans kärlek ger dig förmågan att leva ett liv som övervinnare. Skam får människor att känna sig förkastade och som en följd av detta har många fångats i en ond cirkel av misslyckanden. Men som en ny skapelse i Kristus behöver du inte längre leva bunden av skam. Nu är du mer än en övervinnare, genom honom som har älskat dig, och du kommer att lyckas i allt som Gud har kallat dig att göra.

Jag rekommenderar alla som läser detta att göra en liknande lista över sanningar som gäller din identitet i Kristus, såsom den helige Ande uppenbarar detta för dig. Att tala ut Guds Ord är att på ett mäktigt sätt samarbeta med den helige Ande, när han planterar dessa sanningar i ditt hjärta. Det är givetvis inte så att du måste göra en lista, men att hitta vägar till att forma ditt tal i enlighet med vad Gud säger om dig, är till stor hjälp i ditt helande.

Ett liv fritt från skam

"Anden själv vittnar med vår ande att vi är Guds barn" (Rom. 8:16). Ett av de sätt den helige Ande betjänar oss på är att vittna med vår ande om vår identitet som Guds barn. Han vittnar om vår sanna identitet och när vi samarbetar med honom genom att förnya vårt sinne, kommer vi att bli mer och mer befästa i vår identitet i Kristus. Genom att gå in i denna process kommer vi att bli befriade från skam. Ett liv utan skam, och den frihet det innebär att veta att vi är älskade och inneslutna i Kristus, är underbara gåvor. Det kommer att hjälpa oss ta emot vårt liv som Guds gåva till oss och att leva i honom på ett mäktigt sätt.

"Tjuven kommer bara för att stjäla, slakta och döda. Jag har kommit för att de ska ha liv, och liv i överflöd" (Joh. 10:10). Jesus kom för att ge oss liv i överflöd. Han har så mycket mer för oss än att bara överleva jordelivet tills vi kommer till himlen. Han vill att vi ska vara fria att leva fullt ut som de gudsmänniskor han skapat oss att vara. Livet är en underbar gåva och Jesus kom för att ge oss liv i överflöd, inte bara nätt och jämnt. Skam lägger så många begränsningar på livet, men vi är inte kallade till att leva ett begränsat liv. Nej, vi är kallade att leva det liv som Paulus beskriver som *"Guds barns härliga frihet"* (Rom. 8:21).

Religiösa traditioners destruktiva makt

Om religiösa traditioner bedragit oss kommer Guds Ord inte att ha den påverkan i våra liv som Gud vill. Jesus säger i mötet med sin tids religiösa ledare: *"Ni upphäver Guds ord för era stadgars skull"* (Matt. 15:6). Tomma traditioner är ett av djävulens sätt att stjäla vår upprättelse. Han vill stjäla vår identitet ifrån oss, lägga bördor på oss, för att på det sättet begränsa våra liv. Religiösa traditioner påverkar oss att tro att vi endast är syndare frälsta av nåd, och ovärdiga Guds kärlek. Den frukt som skördas av detta är ett liv fyllt av skuld och skam. Att leva under religiösa traditioner berövar Kristi kors dess makt. *"Ni har kommit bort från Kristus, ni som försöker bli rättfärdiga genom lagen. Ni har fallit ur nåden"* (Gal. 5:4). Detta är anledningen till att religiösa traditioner måste konfronteras.

Jag undervisar och predikar i många olika kyrkor och bibelskolor. Det andliga arv som många samfund och kyrkor har att förvalta är rikt och väl värt att studera. Men ett andligt arv kan också bidra till att föra vidare religiösa traditioner genom felaktig undervisning. Det kan leda till att människor hindras att leva det nya livet i Kristus och detta måste konfronteras. Frukten av att leva betryckt av religiösa traditioner kommer alltid att vara skam, skuld och fördömelse. Men evangeliet frigör oss från allt detta genom att uppenbara det nya livet i Kristus.

"Jesus sade till de judar som hade kommit till tro på honom: Om ni förblir i mitt ord är ni verkligen mina lärjungar. Ni ska lära känna sanningen, och sanningen ska göra er fria" (Joh. 8:31-32).

Sårade genom andra människors synd

Innan vi avslutar detta kapitel, måste vi ta upp en mycket vanlig källa till skam och identitetsproblem. Vi inledde detta avsnitt genom att fastslå att vi inte i första hand ska känna varandra på ett mänskligt sätt (2 Kor. 5:16). Att vi tenderar att hamna i fällan att endast se varandra på ett mänskligt sätt, beror ofta på att man har tillåtit andra människors synd och inställning att definiera bilden av vem de är. En del människor har haft perfektionistiska föräldrar och fått alltför höga krav lagda på sig. Därför lever med en konstant känsla av att vara misslyckade. Andra kan känna sig ovärdiga att få uppmärksamhet, beroende på att deras föräldrar aldrig var närvarande hemma. Det finns också dem som har svikits av vänner, medan andra har genomgått en skilsmässa eller en konkurs.

Djävulen vill använda synd och misslyckanden som dessa för att definiera vilka vi är och vårt värde. Men som Guds barn är vi alltför värdefulla för att tillåta andras åsikter och tidigare misslyckanden att avgöra vilka vi är. Vår himmelske Far är den ende som har rätt att bestämma vilka vi *egentligen* är, och vi får tag i hans uppfattning om oss genom att veta vilka vi är i Kristus.

Förlåtelse och nåd

"Klä er därför som Guds utvalda, heliga och älskade, i innerlig barmhärtighet, godhet, ödmjukhet, mildhet och tålamod. Ha överseende med varandra och förlåt varandra, om ni har något att anklaga någon för. Så som Herren har förlåtit er ska ni förlåta varandra" (Kol. 3:12-13).

Vi är kallade att förlåta varandra på samma sätt som Kristus har förlåtit oss. Anledningen till detta är att människor ibland kommer att behandla oss illa, och en del kommer också att uppträda sårande emot oss. Vi kan inte kontrollera hur andra människor kommer att agera gentemot oss, men vi kan bestämma oss för hur vi ska gensvara till detta. Genom att välja att vandra i nåd och fördragsamhet med varandra stänger vi dörren för djävulen. Det blir då närmast omöjligt att förolämpa oss. Detta är en del av vår arvslott i Kristus.

Om vi tillåter människors handlingar att påverka oss på ett negativt sätt, så lever vi fortfarande på ett mänskligt sätt inom det område där vi tillåter detta att hända. Djävulen vill att vi ska låta andra människors negativa attityder och handlingar binda upp oss och avgöra vilka vi är.

"Den som ni förlåter, förlåter också jag. Och det jag har förlåtit, om jag haft något att förlåta, det har jag gjort inför Kristi ansikte för er skull, för att vi inte ska bli överlistade av Satan. Hans avsikter känner vi till" (2 Kor. 2:10-11).

Vi ska inte vara okunniga om Satans avsikter. Han försöker alltid skapa splittring och bitterhet människor emellan. När vi väljer att förlåta så tar vi udden av dessa fientliga strategier. I stället kan vi låta Jesus Kristus, vår själs herde, betjäna oss med helande av de sår och den smärta som skapats genom hur andra människors uppträtt emot oss.

Att älska barmhärtighet

"Han har sagt dig, du människa, vad som är gott. Vad begär Herren av dig annat än att du gör det rätta, älskar barmhärtighet och vandrar i ödmjukhet med din Gud?" (Mika 6:8).

Att bygga en livsstil av barmhärtighet och förlåtelse kräver mer än enbart ett beslut. Vi behöver växa i Guds kärlek på ett sådant sätt att vi älskar barmhärtighet. Att ge barmhärtighet och nåd innebär att den skyldige inte får det som den personen egentligen förtjänar. Att leva i Guds barmhärtighet och nåd innebär att vi längtar efter att förlåta och vara generösa. Då vill vi att den som har syndat mot oss skall bli förlåten och inte behöva lida konsekvenserna av sitt dåliga beteende. Det är så vi är kallade att leva våra liv, eftersom detta är Guds egen natur.

Vi behöver själva mycket nåd och barmhärtighet, därför är det klokt att ta varje tillfälle vi får att visa andra detta också. När vi förlåter andra kommer vi att finna helande och upprättelse från såren av alla de synder och överträdelser som vi tvingats utstå. Våra liv är alltför viktiga, och vår kallelse alltför stor, för att vi ska tillåta andra människor att avgöra vilka vi är.
Om du känner dig illa behandlad, gör då dig själv den stora tjänsten att just nu förlåta den som handlat illa mot dig. Detta kommer att göra dig fri och förlösa Guds nåd och favör att verka för din räkning. Gud längtar efter att upprätta varje skadat område i våra liv och genom Kristus erbjuder han oss allt helande och all upprättelse vi någonsin behöver.

KAPITEL 10: FRI TILL ATT VARA DEN DU ÄR

Väldigt många själavårdsproblem och personliga utmaningar har sina rötter i att man inte vet vem man är. Därför handlar också evangeliet till stor del om att upprätta oss i vår nya identitet och ge oss ett nytt liv. Vi hittar vår sanna identitet i Kristus. Han är Guds originalbild, och vi är skapade till hans avbild. Därför får vi genom Guds nåd en ny självbild i Kristus. Detta är goda nyheter, för mig och otaliga andra, som har kämpat med sin identitet och sitt värde, men nu funnit vårt värde i Kristus.

Vi hittar oss själva i gemenskap med Kristus

"Se vilken kärlek Fadern har skänkt oss: att vi får kallas Guds barn! Och det är vi också. Världen känner oss inte, eftersom den inte har lärt känna honom" (1 Joh. 3:1).

När vi talar om att leva ut vår mest sanna och äkta identitet, så talar vi inte om ett rent mänskligt självförverkligande. Detta kommer nämligen endast leda till förvirring och att vi förlorar vår rätta identitet. Vi kan aldrig upptäcka vilka vi är genom att försöka definiera oss själva. För att veta vilka vi skapades till, behöver vi upptäcka vilka vi är i Kristus. Detta är mycket befriande.

Jag kommer ihåg den befrielse jag upplevde, när jag insåg att jag inte var den brustna, förvirrade och rädda person som jag vuxit upp med att tro. Sanningen är att jag är ett älskat Guds barn, som har tagit emot alla andliga välsignelser i Jesus Kristus. Jag har blivit skapad till goda gärningar, som Fadern redan hade förberett för mig (Ef. 2:10). Det betyder att jag inte var ett misstag utan att Gud hade en mening och en plan för mig. Jag är utvald och önskad av honom.

Att ha sin identitet i Faderns kärlek är sann frihet. Vi lever *i* världen men är inne *av* världen, och därför kan världen inte förstå vilka vi är, eller känna vår sanna identitet (Joh. 17:14,18). Detta innebär också att vi inte kan förstå vilka vi är genom att lyssna till vad världen säger om oss. För att inse vilka vi *verkligen* är, måste vi lära känna Kristus. Vår identitet i Kristus kan endast upptäckas genom uppenbarelse, och den kommer till oss genom vår relation till Gud.

Uppenbarelse

"Jag ber att vår Herre Jesu Kristi Gud, härlighetens Far, ska ge er vishetens och uppenbarelsens Ande så att ni får en rätt kunskap om honom. Jag ber att era hjärtans ögon ska få ljus så att ni förstår vilket hopp han har kallat er till, hur rikt och härligt hans arv är bland de heliga och hur oerhört stor hans makt är i oss som tror, därför att hans väldiga kraft har varit verksam" (Ef. 1:15-19).

Den helige Ande talar inte till oss genom information, utan genom uppenbarelse. Detta är något vi behöver förstå om vi vill samarbeta med honom på ett effektivt sätt. Det är för att vi ska få redskap till att göra detta som denna bön, liksom ett antal andra, har blivit nedtecknade i Bibeln. Paulus ber här att vishetens och uppenbarelsens ande ska uppfylla de troende i Efesus. Han ber att deras hjärtans ögon ska bli upplysta så att de kan se vilket hopp han kallat dem till och det arv de har fått, liksom att de skall lära känna den kraft som är verksam i oss som tror.

För att växa som troende måste vi ta emot vishet och uppenbarelse genom den helige Ande om Kristus och hans Ord. Vi kan inte ta emot detta enbart genom kunskap utan det måste planteras inom oss genom den helige Ande. Vår del i det hela är att studera Guds Ord och få mer kunskap. Genom uppenbarelse förvandlar Gud denna kunskap till vishet.

Paulus ber inte här om att det skulle komma väckelse till Efesus eller att de skulle få del av något de inte redan tagit emot. Tidigare i brevet har han ju skrivit att vi redan välsignats med varje andlig välsignelse i Kristus Jesus. Därför behövde de inte något nytt; de behövde uppenbarelse om vad de redan hade fått del av i Kristus. Detta gäller även för oss idag. Därför kan vi fortfarande be med i Paulus bön om att se vad vi redan fått i Kristus.

En process av att upptäcka

Vi kommer inte på en gång få en full uppenbarelse om allt vi har i Kristus. Vår avslott är alltför stor för att vi ska greppa allt genast. Därför tar den helige Ande oss med på en livslång resa för att upptäcka alla de välsignelser vi tagit emot från Fadern. Ibland missar man vad denna process egentligen handlar om. Många tror att processen handlar om att ta emot något som man inte redan har, och därför finner de ingen vila i Kristus.

Denna process handlar inte om att få något vi inte har, utan efter att upptäcka vad som redan har givits oss i Kristus. Det skulle kunna beskrivas som när ett barn ska öppna sina julklappar. Presenterna har ju redan getts till barnet, men genom att ta bort papperet upptäcker det vad som finns i paketet. Det är det som uppenbarelsen gör; den avslöjar vad vi redan har fått i

Kristus. Ordet uppenbarelse kommer från det grekiska ordet *apokalupsis*. Det hänvisar till något som varit dolt under lång tid och plötsligt blir klart och uppenbart för vårt inre eller yttre öga. Den andra bönen som finns nedtecknad i Efesierbrevet ger oss en viktig nyckel till att förvalta och föröka den uppenbarelse vi tar emot från den helige Ande.

Rotade och grundade i Kristi kärlek

"Jag ber att han i sin härlighets rikedom ska ge kraft och styrka åt er inre människa genom sin Ande, att Kristus genom tron ska bo i era hjärtan och att ni ska bli rotade och grundade i kärleken. Då ska ni tillsammans med alla de heliga kunna fatta bredden och längden och höjden och djupet och lära känna Kristi kärlek, som går långt bortom all kunskap. Så ska ni bli helt uppfyllda av all Guds fullhet" (Ef. 3:16-19).

I denna bön ber Paulus Fadern om att genom den helige Ande ge styrka åt den inre människan hos de troende i församlingen i Efesus. Han ber att de ska bli rotade och grundade i Kristi kärlek Uppenbarelsen måste planteras i god jord om den ska växa och bära rik frukt. Den bästa möjliga jordmånen för detta är ett hjärta som blivit uppfyllt av Kristi kärlek. Kristi kärlek övergår allt förstånd, och måste därför uppenbaras för oss genom den helige Ande. Fadern vill att vi ska stå stadigt på den fasta grunden att vi är högt älskade av Kristus.

Detta är grunden för att känna våra sanna jag, eftersom vår identitet inte enbart är en rättslig ställning. Vi är vår himmelske Faders älskade barn och därför måste vi ha vår förtröstan på Kristus och vad han säger att vi är. Man kan tänka att det räcker med att bara veta vilken ställning vi har i Kristus. Men sanningen är att det är genom att vara rotade och grundade i Guds kärlek som uppenbarelsen om vår identitet förvandlar oss.

Ingen förtröstan på köttet

"Det är vi som är de omskurna, vi som tjänar Gud genom hans Ande och har vår ära i Kristus Jesus och inte förlitar oss på det yttre. Fast nog hade också jag kunnat förlita mig på det yttre. För om någon tycker att han kan förlita sig på det yttre, så kan jag det ännu mer" (Fil. 3:3-4).

Bibeln talar på flera ställen om att vi inte ska förlita oss på köttet. Paulus åsyftade detta när han skrev till församlingen i Korint att vi inte längre känner någon på ett ytligt sätt (2 Kor. 5:16). Detta gäller inte bara när vi kämpar med synd, svaghet eller ett sårat hjärta. Det inkluderar också vad vi uppnått i livet, vår utbildning eller sociala status. Paulus skriver att han skulle kunna ge fler skäl än de flesta för att förtrösta på köttet, och sedan börjar han uppräkningen av sina meriter: *"...omskuren på åttonde dagen, av Israels folk och Benjamins stam, en hebré född av hebréer, i fråga om lagen en farisé, i iver en förföljare av församlingen, i rättfärdighet genom lagen en oklanderlig man"* (Fil. 3:5-6).

Om Paulus skulle vilja bli känd genom yttre saker, så fanns det jättemycket som han skulle kunna förtrösta på. Han säger till och med att han var en oklanderlig man enligt lagen. Det kan nog vara lättare för någon som har en liknande bakgrund som jag att ta emot detta budskap. I mitt förflutna finns det nämligen inte mycket att förlita sig på. Jag har ingen fin utbildning, jag har kämpat med ångest och brustenhet en stor del av mitt liv så det är inget stort offer för mig att ge upp detta. Om du likt Paulus har mycket som du skulle kunna vara stolt över och förtrösta på, kan det vara en större utmaning. Men oberoende av hur bra eller dåligt ditt förflutna är, och vad du har att visa upp, är detta ändå betydelselöst, jämfört med att veta vem du är i Kristus.

Att bli funnen i Kristus

"Allt det som förr var en vinst för mig räknar jag nu som förlust för Kristi skull. Ja, jag räknar allt som förlust, för jag har funnit det som är långt mer värt: kunskapen om Kristus Jesus, min Herre. För hans skull har jag förlorat allt och räknar det som skräp, för att vinna Kristus" (Fil. 3:7-8).

Paulus säger alltså att han räknar allt som förlust, ja som avskräde, jämfört med att vinna Kristus.

Här inkluderar han sina akademiska framgångar, sin status som religiös ledare och farisé, och även sin iver för att uppfylla lagen. Allt detta var verkligen något som han kunde skryta över i sitt judiska sammanhang. Det var detta som gav honom hög status i Jerusalem på den tiden, men nu valde han att försaka allt detta för att leva i gemenskap med Kristus. Vi behöver lära oss av Paulus exempel och lämna det förflutna, framgångsrikt eller misslyckat, bakom oss. Då kan vi kliva in i den sanna friheten i Kristus. Paulus fortsätter: *"... och bli funnen i honom – inte med min egen rättfärdighet, den som kommer av lagen, utan med den som kommer genom tron på Kristus, rättfärdigheten från Gud genom tron"* (Fil. 3:9).

Paulus försakade allt för att bli funnen i Kristus, vilket betyder att han inte längre var begränsad till sin egen rättfärdighet och sin judiska identitet. Nu var han funnen och erkänd i Kristus som en rättfärdig son till Gud. Just den attityden behöver vi också ha. Vårt gamla liv är korsfäst och begravet och nu finner vi vår identitet och styrka i Kristus. Det finns något mycket befriande i att släppa taget om hela vårt förflutna, även de genombrotten och segrar vi har sett.

Det som jag behöver ge upp idag är inte längre den brustenhet jag tidigare levde i. Nu handlar det mer om att ge upp de genombrott och den tillväxt jag upplevt. Genom Guds nåd har jag kunnat resa och predika över hela världen, sett människor bli frälsta, helade och få sina liv förvandlade genom Faderns kärlek. Det skulle vara ett stort misstag av mig om jag lät de segrar jag upplevt definiera mig. Jag har ibland sett exempel på hur människor blivit slavar under sin egen framgång. De behöver alltid ha nya segerrapporter och predika för stora skaror för att må bra. Detta är bara en annan typ av slaveri eftersom det skapar en identitet som endast är byggd på yttre framgångar. Det var en mycket befriande upptäckt för den dag då jag insåg att jag kunde ge upp också detta. Det är endast genom att se vilka vi är i Kristus som vi finner vårt verkliga jag och bli fri från slaveriet under ett prestationstänkande.

Rotade och uppbyggda i honom

"Liksom ni tog emot Kristus Jesus som Herren, så lev i honom, rotade och uppbyggda i honom och grundade i tron i enlighet med den undervisning ni fått. Och låt er tacksamhet flöda över" (Kol. 2:6-7).

När vi upptäcker vår sanna identitet, så behöver vi också bli rotade och uppbyggda i den uppenbarelsen. Hur går då detta till? Paulus säger att vi behöver leva i Kristus på samma sätt som vi tog emot honom, det vill säga av nåd och genom tro. *"Av nåden är ni frälsta genom tron, inte av er själva. Guds gåva är det, inte på grund av gärningar för att ingen ska berömma sig"* (Ef. 2:8-9). Vårt kristna liv går vidare genom nåd. Kommer du ihåg hur vi definierade nåd i inledningen? Bland annat

136

är nåd Guds aktiva kraft som råder över oss och styrker oss till att bli allt det som Gud har kallat oss till att bli. Genom denna kraft lever vi vidare genom tron. När vi lever våra liv tillsammans med Gud, av nåd och genom tron, kommer processen att upptäcka vilka vi är i Kristus fortsätta. Då blir vi rotade och grundade i honom. Det gör oss fria att leva ut vår nya identitet i Kristus.

KAPITEL 11: DEN HELIGE ANDES TJÄNST

Den helige Andes verk gör att allt det vi har fått i Kristus kan bli synligt i våra liv. Det är genom den helige Andes verk, både i och genom oss, som det nya förbundet fungerar. Därför kallas det nya förbundet Andens förbund. Det är en härlig nåd från Gud, att vi har fått en sådan underbar hjälpare. Den helige Ande ger liv åt alla Guds löften och hjälper oss att leva vårt nya liv i Kristus.

Den helige Andes förbund

"En sådan tillit till Gud har vi genom Kristus. Inte så att vi av oss själva kan tänka ut saker på egen hand, utan vår förmåga kommer från Gud. Han har gett oss förmåga att vara tjänare åt ett nytt förbund, som inte är bokstavens utan Andens. Bokstaven dödar, men Anden ger liv" (2 Kor. 3:4-6).

Det nya förbundet är inte byggt på att vi följer lagen, utan på att vi leds av den helige Ande. Anledningen till att vi kan fungera som tjänare i det nya förbundet är att den helige Ande verkar genom oss med sin kraft. Som Paulus skriver: *"Nu står vi i Andens nya tjänst och inte i bokstavens gamla tjänst"* (Rom 7:6). Den helige Ande är i det nya förbundet vad bensinen är för bilen. Det går inte att köra bilen utan bränsle. På samma sätt fungerar inte det Nya förbundet utan den helige Ande. Han är vår lärare som påminner oss om evangeliet och som vittnar med vår ande vad som är vår identitet i Kristus.

"Ni har en smörjelse från den Helige och ni har alla kunskap... smörjelsen som ni har fått av honom förblir i er,

och ni behöver inte någon som undervisar er. Hans smörjelse undervisar er om allt, och den är sanning och inte lögn. Förbli i honom, så som den har lärt er" (1 Joh. 2:20,27).

För att vi ska leva som det folk Gud har kallat oss att vara är det nödvändigt att vi inser den roll som den helige Ande har att uppenbara för oss vår identitet i Kristus.

Överbevisade av den helige Ande

"Men jag säger er sanningen: Det är för ert bästa som jag går bort. För om jag inte går bort, kommer inte Hjälparen till er. Men när jag går bort ska jag sända honom till er" (Joh. 16:7).

Vi är inte utlämnade till oss själva när ni skall lära oss hur vi ska leva våra liv som nya skapelser i Kristus. När Jesus lämnade jorden och återvände till himlen sände han Hjälparen, den helige Ande, till oss. Han är den som hjälper oss att upptäcka vilka vi är i Kristus. Detta står klart när vi läser om hur Jesus beskriver den helige Andes tjänst.

"När han kommer ska han överbevisa världen om synd och rättfärdighet och dom. Om synd: de tror inte på mig. Om rättfärdighet: jag går till Fadern och ni ser mig inte längre. Om dom: denna världens furste är dömd" (Joh. 16:8-11).

Enligt detta bibelsammanhang överbevisar den helige Ande om tre saker – synd, rättfärdighet och dom. När jag blev frälst hörde jag många tala om att bli överbevisad av den helige Ande; speciellt handlade det om att bli överbevisad om synd. Problemet är att många inte läser detta i sitt sammanhang. Om man gjorde det, skulle man lägga märke till att den helige

Ande överbevisar den som inte tror om synden att inte tro på Kristus.

Han påminner alltså inte den troende om synd, eftersom ett av de mest underbara löften som ges till oss i det Nya förbundet är detta: *"Jag ska i nåd förlåta deras missgärningar och aldrig mer minnas deras synder"* (Hebr. 8:12). Det skulle vara motsägelsefullt att Jesus tar på sig våra synder, och erbjuder oss en så total förlåtelse att Fadern lovar att aldrig minnas synderna igen, samtidigt som den helige Ande kommer ihåg dem och har till uppgift att påminna oss om dem hela tiden. Däremot är det tydligt att den helige Ande överbevisar dem som inte tror om deras synd, så att de börjar tro på Kristus och tar emot frälsning.

Den helige Ande övertygar den troende om rättfärdighet

Den helige Ande inte bara överbevisar om synd, han påminner också om den rättfärdighet vi har i Kristus. Som vi just läste, så övertygar han om rättfärdighet för att Jesus gick till Fadern. Vad var det Jesus gjorde när han återvände till Fadern?

"Kristus gick inte in i en helgedom som är gjord av människohand och som bara är en bild av den verkliga helgedomen. Han gick in i själva himlen för att nu träda fram inför Guds ansikte för vår skull. Inte heller skulle han offra sig flera gånger, så som översteprästen varje år går in i det allra heligaste med blod som inte är hans eget. I så fall hade han varit tvungen att lida många gånger sedan världens skapelse. Men nu har han trätt fram en gång för alla vid tidernas slut för att genom sitt offer utplåna synden" (Hebr. 9:24-26).

Jesus gick in i Guds närvaro för att bära fram sitt eget blod. Blodet representerade att han offrade sig själv för att en gång för alla utplåna vår synd. Därigenom vann Kristus en evig rättfärdighet för oss, och vi har nu blivit rättfärdiga inför Gud.

Det är den rättfärdigheten som den helige Ande övertygar oss om. Han uppenbarar för oss att Kristi fullbordade verk har förvandlat oss till nya skapelser, och att vi nu har vår identitet i Kristus. Detta är till stor hjälp för oss, eftersom vi som tror på Jesus ibland agerar tvärtemot vår egentliga identitet genom att leva i köttet.

Det är så lätt att lyssna till de olika röster som försöker sätta etiketter på oss, som det står något helt annat på, än det som Gud säger om oss. Det är då som den helige Ande påminner oss om vilka vi verkligen är, nämligen Guds rättfärdighet i Kristus (2 Kor. 5:21). Vi behöver gång på gång bli påminda om att vår synd är förlåten och att det inte längre finns någon fördömelse för oss. Många troende förstår inte att den helige Ande som bor i oss, vill övertyga dem om deras rättfärdighet i Kristus. Även när vi har misslyckats i vårt liv med Gud, påminner den helige Ande oss om att våra synder redan blivit förlåtna, och att vår Fader ser till att allt samverkar till det bästa för oss, eftersom vi älskar honom och är kallade av Gud (Rom. 8:28).

Vi regerar i liv genom rättfärdighetens gåva

Vi har blivit lovade att regera i liv genom Jesus Kristus. Det löftet bygger på att vi lever i ett mottagande av Guds nåd och rättfärdighetens gåva. Därför skriver Paulus följande ord:

"För om döden kom att regera efter en endas fall genom denne ende, hur mycket mer ska då inte de som tar emot den överflödande nåden och rättfärdighetens gåva få regera i liv genom den ende, Jesus Kristus" (Rom. 5:17)?

Att ta emot rättfärdighetens gåva betyder att hålla med Gud om att vi har blivit gjorda till Guds rättfärdighet i Kristus. Det är då vi kan leva i en frimodig tro och visshet om att Gud är på vår sida. Vi kan komma till nådens tron i frimodighet utan fördömelse eller syndamedvetenhet därför att vi har blivit renade genom Jesu blod. Vi kristna är inte bara förlåtna syndare längre. Om det vore vår identitet skulle vi aldrig kunna regera i liv. Därför hjälper den helige Ande oss genom att påminna och överbevisa oss om vår rättfärdighet i Kristus.

Den helige Ande leder oss bort från synden

Därmed inte sagt att den helige Ande aldrig skulle tala till oss om våra synder och dåliga vanor. Han är vår Hjälpare och en del av hans uppgift är att leda oss in i Guds vilja och plan för våra liv. Detta innebär att han vill leda oss bort från synd och in i ett liv i helgelse. Men han gör inte detta genom att göra oss medvetna om vår synd, utan genom att få oss att bli så fokuserade på Kristus att synden förlorar sin attraktionskraft. Den helige Ande förhärligar alltid Jesus och när vi ser honom som den han verkligen är, blir vi förvandlade till likhet med Kristus (2 Kor. 3:17-18). Vårt liv är alldeles för viktigt för att slösa bort det på en syndig livsstil. Därför vill den helige Ande uppmuntra och styrka oss så vi kan lämna en sådan livsstil bakom oss och i stället leva i gemenskap med Kristus. Han kommer tidvis att både vägleda och tillrättavisa oss, men han gör aldrig detta genom att

142

fördöma eller anklaga oss. Den helige Ande pekar alltid på Kristus som befriar oss från syndiga vanor.

Den helige Ande vittnar om att våra synder är förlåtna

"Även den helige Ande vittnar om detta för oss. Först säger han: Detta är det förbund som jag efter denna tid ska sluta med dem. Och sedan säger Herren: Jag ska lägga mina lagar i deras hjärtan och skriva dem i deras sinnen, och deras synder och överträdelser ska jag aldrig mer minnas" (Hebr. 10:15-17).

När den helige Ande överbevisar om vår rättfärdighet så vittnar han också om att våra synder är förlåtna, och att Gud inte kommer ihåg dem längre. Om vi tänker alltför mycket tillbaka på våra tidigare synder och felsteg, kommer djävulen att använda detta för att anklaga oss. Ibland kan det till och med vara så att djävulen inte ens behöver anstränga sig med det, eftersom vi själva stundtals kan vara dem som kommer med de värsta anklagelserna. I stället för att ta till oss dessa anklagelser i vårt tankeliv så vill Gud att vi skall lyssna till den helige Ande. Han vill överbevisa om oss att alla våra synder är utplånade, förlåtna och glömda.

Den helige Ande övertygar oss om att djävulen är besegrad

Den helige Ande överbevisar också om dom, men inte på ett sådant sätt att det lägger fördömelse på oss. Han visar på den dom, som är uttalad över djävulen. När vi går igenom tuffa tider och känner av den andliga striden så pekar den helige Ande på korset, där djävulen blev fullständigt besegrad. När vi ser på all den ondska som finns i världen, och den kamp vi tvingas utstå, kan det ibland ligga nära till hands att vi tappar bort vad Kristi seger betyder för oss idag. Våra liv kanske inte alltid verkar vara så segerrika. Då behöver den helige Ande påminna oss om vår seger i Kristus och hur den sanna verkligheten ser ut.

Han sade till dem: "Jag såg Satan falla ner från himlen som en blixt. Se, jag har gett er makt att trampa på ormar och skorpioner och över fiendens hela välde. Ingenting ska någonsin skada er" (Luk. 10:18-19).

Trots att livet ofta har sina utmaningar och den andliga striden är intensiv, så är vi mer än övervinnare och vår seger är fullständig. Jesus Kristus har nämligen redan vunnit denna seger för oss. Det behöver vi bli påminda om ofta.

Den helige Ande vittnar om att vi är Guds barn

"Anden själv vittnar med vår ande att vi är Guds barn. Och är vi barn så är vi också arvingar, Guds arvingar och Kristi medarvingar, lika visst som vi lider med honom för att också förhärligas med honom" (Rom. 8:16-17).

I dessa verser ser vi hur den helige Ande hjälper oss och etablerar oss i vår identitet som Guds barn. Grunden till att förstå varför vår identitet i Kristus är viktig är att veta att vår himmelske Far alltid velat ha barn. Vi skulle kunna säga att Bibeln börjar med berättelsen om hur Fadern förlorade sina barn i Edens lustgård och resten är historien om hur han hittade ett sätt att får sina barn tillbaka.

"Jesus sade till honom: Jag är vägen, sanningen och livet. Ingen kommer till Fadern utom genom mig" (Joh. 14:6). Jesus är vägen tillbaka till Fadern och Anden vittnar med vår ande att vi kan vara säkra på vårt barnaskap. Det betyder att han också uppenbarar för oss att vi är

medarvingar till det arv vi har fått i Kristus. Detta anknyter till den bön som Paulus ber i Efesierbrevet. Vår del i det hela är att studera Guds Ord och skaffa oss nödvändig kunskap. Den heliga Ande uppenbarar då Ordet för oss så vi kan ta emot den uppenbarelse vi behöver.

Visshet om vår rättfärdighet och vårt barnaskap

Den helige Andes överbevisning handlar mer om att visa på vår nya identitet i Kristus, än att överbevisa om synd. Jag har gjort det till en vana att så gott som dagligen be den helige Ande övertyga mitt hjärta om rättfärdighet. Genom att lyssna till hans vittnesbörd i min ande hör jag honom vittna om att jag är Guds barn. Vi har nu sett hur den helige Ande talar till oss på följande sätt:

- Han överbevisar dem som inte tror om synd.

- Han övertygar troende om rättfärdighet.

- Han påminner oss om att Gud inte tillräknar synd.

- Han överbevisar oss om att djävulen är besegrad.

- Han vittnar med vår ande att vi är Guds barn.

Den helige Andes tjänst är förstås inte begränsad till enbart dessa fem områden. Anledningen till att jag betonar just dessa är att denna del av den helige Andes tjänst rör vår identitet i Kristus. När vi förstår hur och vad den helige Ande talar till oss om, så inser vi att det är mycket angeläget att vi lär oss lyssna till honom om

145

vi vill bli rotade i vår identitet i Kristus. Om vi lyssnar till den helige Ande och utvecklar en intim relation med honom, kommer han att leda oss in i Guds barns härliga frihet.

Den helige Andes frihet

"Herren är Anden, och där Herrens Ande är, där är frihet. Och alla vi som med obeslöjat ansikte ser Herrens härlighet som i en spegel, vi förvandlas till en och samma bild, från härlighet till härlighet. Det sker genom Herren, Anden" (2 Kor. 3:17-18).

Den helige Andes närhet ger frihet. Den friheten är inte så mycket fråga om en obegränsad yttre frihet, utan mera en frihet att kunna vara dem vi är i Kristus. När vi ser på Kristus med obeslöjade ansikten, blir vi förvandlade. Paulus skriver att vi ser honom som i en spegel. Anledningen till detta är att Kristus är själva originalritningen för hur mänskligheten var tänkt att se ut, och vi har skapats till hans avbild.

Att vara i Kristus innebär att vi ser ut som Jesus, och att förvandlas till hans avbild innebär att vi blir dem vi redan är. Den helige Ande är den som hanterar denna process och det gör han genom att uppenbara och påminna oss om vilka vi är i Kristus. Att förvandlas till likhet med Kristus är sann frihet och på det sättet blir vi dem vi redan är.

Gud har gjort oss unika

"Hans verk är vi, skapade i Kristus Jesus till goda gärningar som Gud har förberett för att vi ska vandra i dem" (Ef. 2:10).

Det ord som är översatt "verk" är på grekiska *poiēma*, vilket också skulle kunna översättas poem (eller dikt). Vi är hans poesi. Eftersom Gud skapar genom sitt talade ord, så skulle vi kunna säga att när du skapades, så talade han in skönhet i dig.

Vi är hans poesi och när han skapade oss gjorde han ett mästerverk. Ibland när detta undervisas kan det hända att denna fråga kommer upp: om vi är kallade att vara lika Kristus; betyder detta att vi alla ska vara likadana? Så kommer det aldrig att bli. Allt eftersom vi förvandlas till likhet med Kristus, kommer vi att bli mer och mer oss själva också. Vi är alla kallade att återspegla Kristus, men han är alltför stor för att en enda person ska kunna reflektera hela hans fullhet. Det var därför han gjorde oss alla individer till en enda kropp.

"Kroppen är en och har många delar, men trots att kroppens alla delar är många utgör de en kropp. Så är det också med Kristus. I en och samme Ande är vi alla döpta för att höra till en och samma kropp, vare sig vi är judar eller greker, slavar eller fria. Och vi har alla fått en och samme Ande utgjuten över oss. Kroppen består ju inte av en enda kroppsdel utan många" (1 Kor. 12:12-14).

Vi är en kropp och tillsammans återspeglar vi vem Kristus är. Men den kroppen består av individer; var och en med sin unika personlighet och sina gåvor. När vi förvandlas till Kristi avbild, så blir vi också mer och mer oss själva.

Detta är den du är

Jag vill avsluta detta kapitel med att lyfta fram några sanningar om vilka vi är i Kristus. Jag kan förstås inte täcka in alla aspekter av vår identitet här, men jag vill framhålla några av de viktigaste. Denna lista kan ses som en sammanfattning av det vi redan gått igenom, men det är aldrig fel att bli påmind om vilka vi är i

Kristus. I honom finner vi vår sanna identitet, så när vi ser på Kristus och studerar Ordet, så tittar vi i en spegel som visar oss vilka vi verkligen är. Så låt oss titta i den spegeln nu.

- **Du är Guds rättfärdighet -** *"Han som inte visste av synd, honom gjorde Gud till synd i vårt ställe, för att vi i honom skulle bli rättfärdiga inför Gud"* (2 Kor. 5:21).

- **Du har helgats och gjorts fullkomlig i Kristus -** *"I kraft av den viljan är vi helgade, genom att Jesu Kristi kropp har offrats en gång för alla... Med ett enda offer har han för all framtid fullkomnat dem som helgas"* (Hebr. 10:10, 14).

- **Du är välsignad med alla andliga välsignelser i Kristus Jesus -** *"Välsignad är vår Herre Jesu Kristi Gud och Far, som i Kristus har välsignat oss med all andlig välsignelse i himlen"* (Ef. 1:3).

- **Du är död från synden och lever för Gud -** *"Så ska också ni se på er själva: ni är döda från synden och lever för Gud i Kristus Jesus"* (Rom. 6:11).

- **Du är Faderns älskade barn -** *"Se vilken kärlek Fadern har skänkt oss: att vi får kallas Guds barn! Och det är vi också. Världen känner oss inte, eftersom den inte har lärt känna honom"* (1 Joh. 3:1).

- **Du är mer än en övervinnare -** *"I allt detta vinner vi en överväldigande seger genom honom som har älskat oss"* (Rom. 8:37).

- **Du är fri i den helige Ande** – *"Herren är Anden, och där Herrens Ande är, där är frihet. Och alla vi som med obeslöjat ansikte ser Herrens härlighet som i en spegel, vi förvandlas till en och samma bild, från härlighet till härlighet. Det sker genom Herren, Anden"* (2 Kor. 3:17-18).

- **Du är Guds mästerverk** – *"Hans verk är vi, skapade i Kristus Jesus till goda gärningar som Gud har förberett för att vi ska vandra i dem"* (Ef. 2:10).

- **Du är förlåten och fri från skuld** – *"Ni var döda genom era överträdelser och er oomskurna natur, men också er har han gjort levande med Kristus. Han har förlåtit oss alla överträdelser och utplånat skuldebrevet som vittnade mot oss med sina krav. Det tog han bort genom att spika fast det på korset"* (Kol. 2:13-14).

Uppenbarelsen av Guds barn

"Själva skapelsen väntar och längtar efter att Guds barn ska uppenbaras" (Rom. 8:19). Vi bör vara medvetna om att den här bibelversen talar om oss. Du är ett Guds barn och just nu arbetar den helige Ande med att förvandla dig från härlighet till härlighet, genom att göra dig lik Kristus. Som vi redan har konstaterat, ett antal gånger vid det här laget, innebär detta att du blir det du redan är. Hela skapelsen längtar efter att Guds barn ska träda fram. Vi är kallade att råda och regera i detta liv tillsammans med Kristus och när detta händer kommer evangeliet predikas överallt så att Jesus kan komma tillbaka. Då ska slutligen förbannelsen lämna denna jord. Att leva som Guds barn innebär att leva i

vår fulla identitet i Kristus. Detta är också nödvändigt om vi ska kunna fullgöra vårt uppdrag att nå ut till denna värld med evangelium, och fullborda de planer och uppgifter som Gud har bestämt för våra liv.

SAMMANFATTNING

I denna del av boken har vi talat om hur vi har blivit utvalda, upprättade, helgade och frigjorda för att bli dem som vi alltid varit ämnade att bli, genom att upptäcka vilka vi är i Kristus. Allt detta beror på nåd. Även om jag inte direkt nämnt Guds nåd på varje sida så har jag ändå försökt beskriva hur vi förvandlas genom Guds nåd, så att vår rätta identitet uppenbaras. Vi har sett att vi blivit utvalda av nåd, och att helgelse och upprättelse också ges av nåd. Att veta vilka vi är i Kristus, och att förvandlas till att bli lika honom, kommer att förse oss med allt vi behöver för att göra det vi är kallade till. Detta är ämnet för nästa del av den här boken.

DEL TRE: UTRUSTAD GENOM GUDS NÅD

"Inte så att vi av oss själva kan tänka ut saker på egen hand, utan vår förmåga kommer från Gud. Han har gett oss förmåga att vara tjänare åt ett nytt förbund, som inte är bokstavens utan Andens. Bokstaven dödar, men Anden ger liv" (2 Kor. 3:5-6).

Som vi redan sett är Guds nåd den verksamma kraft och gudomliga förmåga som verkar i oss, och som utrustar oss för att göra det vi är kallade till att göra. Detta gör oss skickliga att tjäna i det Nya Förbundet. Vår uppgift att predika evangeliet och göra alla folk till lärjungar är inte något vi behöver åstadkomma i vår egen kraft. Gud har nämligen genom Kristus försett oss med allt vad vi behöver för att lyckas med detta stora uppdrag. Det Nya förbundet är ett Andens förbund och tjänsten i det Nya förbundet är en tjänst i den helige Ande.

"Men när den helige Ande kommer över er, ska ni få kraft och bli mina vittnen i Jerusalem, i hela Judeen och Samarien och ända till jordens yttersta gräns" (Apg. 1:8).

Att leva av nåd genom tron innebär att göra oss beroende av den helige Ande och leva genom hans kraft. I den här delen av boken ska vi titta närmare på hur detta kan bli möjligt. Gud har inte bara försett oss med all den kraft vi behöver genom den helige Ande; han har också gett oss en perfekt bild av hur ett andefyllt liv är tänkt att se ut, genom att vi lever våra liv i Kristus Jesus. Vårt uppdrag och vår tjänst i Kristi kropp är en förlängning av Kristi tjänst; samma smörjelse som var över Jesus, när han gick här på jorden, är tillgänglig för oss som är hans lärjungar idag. Därför kommer vi att inleda den här delen med att studera Kristi liv och tjänst, för att finna manualen för ett liv i Guds nåd och kraft. I den processen kommer vi att upptäcka att Apostlagärningarna är historien om hur Kristi tjänst fortsätter genom hans församling. Vi kommer också se hur ett andefyllt liv är baserat på en uppenbarelse om Guds nåd.

KAPITEL 12: JESUS ÄR VÅRT EXEMPEL PÅ EN ANDEFYLLD LIVSSTIL

I de två tidigare delarna av denna bok har vi fördjupat oss i hur Jesu försoningsverk har berett frälsning, helande och upprättelse för oss. Men Jesus är inte bara vår frälsare. Han är också vårt exempel hur en upprättad människa ser ut, och han visar oss hur Gud har kallat oss att leva, i den helige Andes kraft.

Jesus är både Gud och människa

"Jesus sade än en gång till dem: Frid vare med er! Som Fadern har sänt mig sänder jag er" (Joh. 20:21).

När Jesus vandrade på den här jorden, så visade han hur ett andefyllt liv, verksamt genom Guds nåd, är tänkt att se ut. Jesus gjorde inte under, botade de sjuka och kastade ut demoner för att han är Gud. Han gjorde det som en människa, smord med den helige Ande. Detta innebär att han är vårt exempel på hur ett andefyllt liv och en välsignad tjänst ser ut. På samma sätt som Jesus var sänd av Fadern, har han nu sänt oss i denna värld.

Vi vet att Jesus är både Gud och människa. Johannes skriver i sitt evangelium: *"I begynnelsen var Ordet, och Ordet var hos Gud, och Ordet var Gud. Han var i begynnelsen hos Gud. Allt blev till genom honom, och utan honom blev ingenting till av det som är till"* (Joh. 1:1-3). Jesus är helt och fullt Gud och genom honom har allt blivit skapat och allt hålls samman genom honom (Hebr. 1:2-3). Han är Gud, Guds evige Son, Skapare av allt. Men han är också människa.

"Och Ordet blev kött och bodde bland oss, och vi såg hans härlighet, den härlighet som den Enfödde har från Fadern. Och han var full av nåd och sanning" (Joh. 1:14). När Jesus kom till den här världen var det nödvändigt att han blev sann människa för att kunna bli vår Frälsare och försonare. Som vår medlare, måste han representera både Gud och människor, för att kunna försona oss i sin död. *"Gud är en, och en är medlare mellan Gud och människor: människan Kristus Jesus, som gav sig själv till lösen för alla. Detta vittnesbörd skulle frambäras när tiden var inne"* (1 Tim. 2:5-6).

Jesus måste bli en människa som vi, men utan synd

"På samma sätt var det med oss. Så länge vi var omyndiga var vi slavar under världens makter. Men när tiden var inne sände Gud sin Son, född av kvinna och ställd under lagen, för att friköpa dem som stod under lagen så att vi skulle få söners rätt" (Gal. 4:3-5).

Jesus kom till denna värld som vilken människa som helst. Han föddes nämligen på samma sätt som varje annan människa, av en kvinna. Han hade en människas ande, själ och kropp, som vilken annan människa som någonsin fötts till den här jorden. Jesus *"har varit frestad i allt liksom vi fast utan synd"* (Heb. 4:15). Vi läser också att han *"utgav sig själv och tog en tjänares gestalt och blev människan lik"* (Fil. 2:7). Han gick igenom samma frestelser och levde under samma omständigheter som vilken annan människa som helst. Han blev hungrig, trött och hade liknande känslor som vi.

Den enda skillnaden var att Jesus inte hade någon mänsklig pappa. Det måste vara på det sättet, eftersom det var nödvändigt att Jesus föddes utan synd. Synd och död är något som fortplantas i människosläktet, och om Jesus hade avlats av en mänsklig pappa, skulle han ha fötts under syndens och dödens välde. Varje människa är nämligen född under synden, på grund av den första Adams fall (Ef. 2:1-3; Ps. 51:5). Därför var det nödvändigt att Jesus föddes av en jungfru, utan syndig natur. Det är därför som Maria blev havande med Jesus genom den helige Ande (Luk. 1:34-35). Detta hände för att Jesus skulle kunna bli Guds fullkomliga Lamm, som utplånar världens synd. *"Det som var omöjligt för lagen, svag som den var genom den köttsliga naturen, det gjorde Gud genom att sända sin egen Son som syndoffer, till det yttre lik en syndig människa. I hans kropp fördömde Gud synden"* (Rom. 8:3-4).

Jesus är den siste Adam

Eftersom Adam stod som representant för hela mänskligheten när han föll så kom både skapelsen och varje människa under syndens och dödens lag i och med fallet (Rom. 5:12). Gud hade gett människan auktoritet och herravälde över jorden (1 Mos. 1:26-28; Hebr. 2:8). Detta innebar att effekten av att Adam föll i synd inte enbart blev att döden kom in i världen, utan även att Adam överlät herraväldet över jorden till djävulen. Därför kallas Satan *"den här världens Gud"* (2 Kor. 4:4), och detta är anledningen till att hela världen är under hans välde (1 Joh. 5:19). Detta har vi haft uppe tidigare när vi studerade Kristi seger över ondskan.

På grund av att Jesus inte hade någon syndanatur och ändå var en människa, så hade han rätt att ta tillbaka herraväldet från djävulen. Genom att göra detta kunde Jesus friköpa människosläktet och omintetgöra den skada som den förste Adam hade orsakat. Detta är exakt vad han gjorde i sitt försoningsverk på korset.

Jesus Kristus blev då den siste Adam (1 Kor. 15:45-47), och som sådan också huvudet för ett nytt folk – församlingen (Kol. 1:18).

Vi är nu i Kristus och har blivit befriade från vår gamla, syndiga natur, och fått del av hans gudomliga natur. Jesus kallas även den andra människan. Vad betyder då detta? Det betyder att Jesus var den andra människan som bar Guds avbild utan en syndig natur. Att Jesus var *"den andra människan"*, antyder att han sedan kunde följas av en tredje, fjärde och många, många fler. Guds plan var nämligen att Jesus skulle vara den förstfödde av många bröder (Rom. 8:29). Jesus blev den andra människan för att föra andra söner och döttrar till härlighet (Hebr. 2:10). Genom Jesus Kristus har Gud fött fram ett nytt folk – söner och döttrar som återigen kan återspegla Guds härlighet. Jesus kunde åstadkomma detta, eftersom han blev en människa; som människa levde Jesus under lagen och uppfyllde den fullständigt, genom att vara lydig ända till döden (Fil. 2:8). Genom att göra detta vann han en evig förlossning för oss. Därför lever vi nu i Kristus och hans tjänst kan fortsätta genom oss idag.

Jesus var smord med den helige Ande

Hur kunde Jesus, som ju var Guds son, betjäna människor i sådan kraft och auktoritet, med tecken och under som följde honom överallt? Ett vanligt antagande är att Jesus gjorde dessa under för att han var Gud. Det är lätt att tänka att det är det givna svaret. Han kunde naturligtvis ha gjort det på det sättet; som Gud hade han visserligen kraften till att utföra alla de under som beskrivs i evangelierna. Problemet är då att Jesus inte skulle kunna vara vår Frälsare, eftersom han då inte levt som människa under lagen och därigenom skulle hela frälsningsplanen göras om intet.

När vi studerar Kristi liv behöver vi påminna oss om att han blev lik oss i allt, med undantag av att han aldrig syndade. *"Vi har inte en överstepräst som inte kan ha medlidande med våra svagheter, utan en som har varit frestad i allt liksom vi fast utan synd"* (Hebr. 4:15). Svaret på hur Jesus kunde tjäna på det sätt han gjorde, var att han levde sitt liv och betjänade andra genom den helige Andes kraft. Petrus berättar om *"hur Gud smorde Jesus från Nasaret med den helige Ande och kraft. Han gick omkring och gjorde gott och botade alla som var i djävulens våld, för Gud var med honom"* (Apg. 10:38). På det sättet blev han vårt exempel för tjänst i det Nya förbundet.

Han var verksam som en människa smord med den helige Ande. Om han skulle ha gjort det på något annat sätt hade vi inte kunnat bli frälsta; inte heller hade det varit möjligt för oss att följa hans exempel för att betjäna andra. För att kunna möta lagens krav och demonstrera hur en upprättad människa ser ut, så måste Jesus leva under samma villkor som alla vi andra människor. Det enda sättet för honom att kunna göra detta var att förlita sig på den helige Andes kraft och ledning.

Jesus gick in i sin tjänst efter att ha blivit fylld med den helige Ande

Jesus började sin tjänst när han var 30 år gammal. Innan dess gjorde han inga under. Faktum är att vi vet väldigt lite om hans liv från när han var ett barn tills han började sin offentliga tjänst. Strax innan Jesus gick in i sin tjänst blev han döpt av Johannes döparen i floden Jordan.

"När Jesus hade blivit döpt, steg han genast upp ur vattnet. Då öppnades himlen, och han såg Guds Ande sänka sig ner som en duva och komma över honom. Och en röst från himlen sade: Han är min älskade Son. I honom har jag min glädje" (Matt. 3:16-17).

Detta var här som Jesus blev smord med den helige Ande och kraft, och från och med sitt dop klev Jesus in i sin tjänst som Kristus. Kristus betyder "den Smorde", och därför blev Jesus smord med Andens kraft innan han påbörjade sin tjänst. Innan dopet i Jordan var Jesus redan Gud, den enfödde och älskade Sonen till sin himmelske Far. Men nu blev han också smord med den helige Ande. Från denna stund började han verka i sin tjänst som Kristus, den smorde. Anledningen till att Jesus behövde bli döpt av Johannes var att han då fick vittnesbördet från Gud, i det att den helige Ande sänkte sig över honom och han blev uppfylld av kraft och smörjelse från himmelen.

Jesus betjänar i den helige Andes kraft

"Uppfylld av den helige Ande återvände Jesus från Jordan och leddes av Anden omkring i öknen, där han frestades av djävulen i fyrtio dagar. Under de dagarna åt han ingenting, och när de var slut blev han hungrig" (Luk. 4:1-2).

Efter sitt dop blev Jesus alltså fylld av den helige Ande, och leddes av Anden ut i öknen för att frestas av djävulen. Som den siste Adam gjorde Jesus vad den förste Adam misslyckades med; han stod emot alla djävulens frestelser. Jesus var en människa precis som vi, så det var verkliga frestelser som han utsattes för. Men han övervann frestelserna genom att proklamera Guds Ord i den helige Andes kraft. Sedan gick Jesus ut ur öknen och påbörjade sin tjänst i Galileen. Den tid som Jesus var verksam där, brukar också kallas "Jesu år av favör", eftersom han mötte ett sådant gensvar hos folket, när han verkade i Galileen. *"I Andens kraft återvände Jesus till Galileen, och ryktet om honom gick ut i hela området. Han undervisade i deras synagogor och fick lovord av alla"* (Luk. 4:14-15). Jesus gick nu fram i den helige Andes kraft och genast spred sig ryktet om honom. Med smörjelsen följer alltid en nivå av favör och inflytande, vilket erbjuder en viktig plattform för att predika evangeliet.

Notera här att det inte står att Jesus återvände i kraften av sin gudomlighet eller av att vara Guds Son. I stället står det att han återvände i Andens kraft. Den helige Andes smörjelse var alltså det som möjliggjorde Jesu Kristi tjänst. Det var först efter att han uppfyllts av den helige Ande som han började utföra mirakler. Han gjorde inga mirakler i sin egenskap av att vara Guds Son. I själva verket talade Jesus vanligtvis om sig själv som Människosonen (Mark. 10:45).

Smörjelsen som var över Jesus

När Jesus läser om sig själv från Jesajas profetia, står det klart var hans smörjelse kommer ifrån och hur den ska visa sig i hans tjänst som Kristus:

"Herrens Ande är över mig, för han har smort mig till att förkunna glädjens budskap för de fattiga. Han har sänt mig att utropa frihet för de fångna och syn för de blinda, att ge de förtryckta frihet och förkunna ett nådens år från Herren" (Luk. 4:18-19).

När Jesus hade läst klart ur Jesajas profetia, förklarade han att detta ord nu fullbordats inför dem som lyssnade. Anledningen till att han kunde säga detta var att han nu vandrade i den helige Andes kraft. Direkt efter att Jesus uppfyllts av den helige Ande började han predika och tecken och under följde honom överallt.

Jesus visar oss ett mönster här. Han är den andra människan och vi som Guds söner och döttrar har blivit hans medarvingar. Detta innebär att om vi lever ett andefyllt liv kan också vi förvänta oss tecken och under som en naturlig del av vår tjänst. Den smörjelse som beskrivs i Lukas 4, vilar även över oss som en del av vår arvslott i Kristus.

Jesu Kristi tjänst fortsätter genom hans församling

Jesus var verksam här på jorden som en människa, fylld med den helige Ande. Idag har vi som är i Kristus tillgång till samma smörjelse och kan därför förvänta oss liknande resultat. När Jesus sände den helige Ande från Fadern på Pingstdagen (Joh. 15:26), så blev den smörjelse och kraft som Jesus verkade i, tillgänglig för alla troende. Eftersom Kristus betyder "den Smorde", och vi har tagit emot den helige Andes smörjelse, kan varje troende nu betraktas som en "liten Kristus". På samma sätt som vi sett i Kristi liv och tjänst, så märker vi en oerhörd skillnad på före och efter att lärjungarna blivit fyllda med den helige Ande (Apg. 1:8). Innan Petrus blev fylld med den helige Ande förnekade han Jesus tre gånger. När han sedan predikade, uppfylld av den helige Ande så blev tre tusen människor frälsta (Apg. 2:38-42). Innan lärjungarna uppfylldes med den helige Ande satt de instängda i den Övre salen. Efter att de blivit uppfyllda av den helige Ande gick de ut och förkunnade evangeliet över hela den då kända världen (Apg. 17:6).

Detta är en mycket viktig aspekt av Jesu tjänst. Vi kan läsa evangelierna och tro att Jesus gjorde alla dessa mirakler för att han också var Gud. Men då kan vi bara läsa om de mirakler han gjorde ur den hjälpsökandes perspektiv, och det gör att vi kan förundras över alla de starka mirakler som skedde genom Hans tjänst. Det perspektivet är sant, men det är inte hela bilden, för problemet blir då att vi inte kan förvänta oss att liknande mirakler ska kunna ske genom oss. Men om vi förstår att vi är i Kristus kan vi förvänta oss liknande resultat även genom vår tjänst. Då kommer vi att bli uppmuntrade av att studera Jesu liv, eftersom vi då vet att vi kan göra samma gärningar som han gjorde – kasta ut onda andar, bota sjuka och sätta fångar fria i Jesu namn. Jag har själv praktiserat detta i mer än sexton år i en tjänst som resande förkunnare.

Innan jag börjar predika, brukar jag uppmuntra mig själv genom att proklamera att samma smörjelse och kraft som var över Kristus, nu också är över mig. När jag förblir fokuserad på denna sanning har det blivit lättare för mig att koppla ihop med den helige Andes smörjelse. Det hjälper mig också att bevara fokus på Kristi seger. Detta har varit viktigt för mig eftersom jag kommer till så många olika platser och verkar under mycket skilda omständigheter. Men det spelar ingen roll hur öppen eller stängd en plats eller en nation kan verka vara; evangeliet är ändå detsamma och genom Kristi seger har vi alltid en öppen himmel. Kristi andefyllda tjänst fortsätter genom oss idag!

KAPITEL 13: MÖTET MED JESUS FÖRVANDLAR HELA MÄNNISKAN

Vi har slagit fast att Jesus är vårt stora exempel på att leva i den helige Andes kraft. Nu kommer vi att studera hur Jesus erbjöd förvandling för hela människan genom att förmedla helande och frihet till människor. Nåd och sanning uppenbarades genom Jesus, och genom att se närmare på hur han betjänade människor kan vi lägga märke till hur nådens förvandlande kraft var i verksamhet (Joh. 1:17). Det verk som Jesus fullbordade på korset hade han redan påbörjat i sin tjänst här på jorden. Allt Jesus gjorde under sitt liv och sin tjänst på jorden pekade fram emot det försoningsverk som han skulle fullborda för oss på korset. Jesus var smord till att betjäna människor och uppenbara Guds sanna natur och hjärta.

Vi har blivit smorda med samma Andens smörjelse som vilade på Jesus och vår uppgift är att visa tillbaka på det som redan blev fullbordat på korset. Att studera Kristi liv och tjänst kommer att ge oss insikt om hur vi kan förmedla det som Jesus gjorde på korset in i den här världen, genom att vandra i den helige Andes kraft. Den förvandlande kraften i Guds nåd tas alltid emot genom den helige Ande, och det är också så vi förlöser Guds kraft i den här världen.

Hur Guds nåd verkade genom Kristi liv

"Alla berömde honom och förundrades över de nådens ord som kom från hans mun. De frågade: "Är det inte Josefs son"(Luk. 4:22)?

Folkets reaktion var förvåning över de nådens ord som Jesus förkunnade. De blev förmodligen lite förvånade över att Jesus förklarade att han var uppfyllelsen av alla de löften som profeterna hade framburit angående Messias. De hade ju sett Jesus växa upp i Nasaret och de visste att han var Marias son. Det var därför inte så konstigt att de blev förvånade över hans påståenden. Men även idag blir människor förvånade över hur goda nyheter evangeliet egentligen är. Många har inte förstått hur rikt på nåd de goda nyheterna om Jesus verkligen är. Evangeliet är ett nådens ord som förvandlar liv (Apg. 20:32).

Vi kan se massor av exempel på detta genom att studera vad som hände när människor mötte Jesus. När Petrus sammanfattar Jesu liv och tjänst, säger han: *"Gud smorde Jesus från Nasaret med den helige Ande och kraft. Han gick omkring och gjorde gott och botade alla som var i djävulens våld, för Gud var med honom"* (Apg. 10:38). Eftersom betryck kan visa sig på många olika sätt, betjänade Jesus människor individuellt. Därför såg inget mirakel eller befrielse exakt likadant ut. Men om vi undersöker hur Jesus upprättade människor, ser vi att det var huvudsakligen tre områden som han tog itu med. Dessa var:

- Att förlåta synd

- Befrielse från demoniskt betryck

- Helande av sjuka

När Jesus betjänade människor, så delade han inte upp människor i dessa tre kategorier, som om alla han betjänade enbart kunde hänföras till en av dessa tre områden. Det ska inte vi heller göra. Eftersom synd, sjukdom och demoniskt betryck alla är konsekvenser av syndafallet, så behandlas de ofta tillsammans. Oförlåtelse öppnar till exempel för andligt betryck, och ibland är människor som behöver helande bundna av sjukdomsandar. Men för tydlighetens skull ska vi behandla dessa olika områden ett i taget. Efter att någon blivit förlåten, helad eller befriad så vill Gud också att den personen också ska får sin gudagivna identitet upprättad.

Vad Jesus gjorde när han betjänade människor, har han nu möjliggjort för sina lärjungar över hela världen genom sitt verk på korset (Joh. 12:31-32). Jesus nöjer sig aldrig med att enbart lämna människor helade och befriade; han vill också att alla ska bli upprättade till sitt rätta jag, och komma in i de planer och uppgifter som Gud planerat för var och en. Upprättelseverket är inte klart i våra liv förrän vi blivit upprättade in i Guds plan för våra liv och kan fungera i hela vår kapacitet som gudsmänniskor.

Jesus förvandlade människors liv genom att förlåta synder

"Där kom några till honom med en förlamad man som låg på en bädd. Jesus såg deras tro och sade till den lame: 'Var lugn, mitt barn. Dina synder är förlåtna'" (Matt. 9:2).

Det finns många exempel i evangelierna på hur Jesus förlät synder, vilket verkligen behövdes. Israel var, på Jesu tid, ett mycket religiöst samhälle, format av lagiskhet och fördömelse. En följd av detta var att om någon begått uppenbara synder, så var den person i praktiken dömd till att tillbringa resten av sitt liv med ett socialt stigma, och ett samvete tyngt av synder. Som andra religiösa kulturer så var detta en kultur baserad på skam. Människor som betraktades som syndare var där utlämnade till att tro att de var misslyckade och ovärdiga Guds kärlek. När de som plågades av detta mötte kärleken från Kristus, och tog emot förlåtelse för sina synder, fick de också del av en helt annan syn på sig själva, och sitt värde som människor.

En händelse, som visar på detta, ägde rum när Jesus var inbjuden till en middag hemma hos farisén Simon. Då dök en kvinna upp, som levde ett syndigt liv (Luk. 7:36-50). Jesus sa till henne att hennes synder var förlåtna och den uppenbarelsen förvandlade henne från en syndfull kvinna till en hängiven lärjunge till Jesus. I Johannes, kapitel 8, läser vi om en annan kvinna som anklagades för otrohet och skulle dödas. Men när hon mötte Jesus tog hon emot ett nytt liv, som inleddes med att Jesus sa till henne: *"Inte heller jag dömer dig. Gå, och synda nu inte mer!"* (Joh. 8:11).

Innan Jesus helade en lam man, sa han till honom: *"Var lugn, mitt barn. Dina synder är förlåtna"* (Matt. 9:2). När Jesus helade honom sa han att detta mirakel skedde som ett tecken på att hade makt att förlåta synder. Denna tidigare förlamade man blev också förvandlad på ett mäktigt sätt. Ett annat exempel på förlåtelsens förvandlande kraft är aposteln Petrus. Han förnekade Herren tre gånger, och han svor och förbannade, när han sade att han inte kände Jesus (Matt. 26:69-75). Men Jesus tog sig tid att betjäna Petrus personligen. Han försäkrade sig om att Petrus verkligen visste att han var förlåten och att fortfarande hade en plan för hans liv (Joh. 21:15-19). När människor mötte Guds nåd genom Kristi tjänst, så resulterade det i förvandlade liv, och så sker det än idag.

Jag har själv sett hur kraften i att ta emot förlåtelse från Jesus förvandlar människor, både i mitt eget liv, och i otaliga människors liv jag har mött under mina resor i evangeliets tjänst. Den förvandlande kraften i Guds nåd blir synlig på ett mycket tydligt sätt genom syndernas förlåtelse.

Jesus åstadkom förvandling genom att befria från demoniskt betryck

"Guds Son har uppenbarats för att göra slut på djävulens gärningar" (1 Joh. 3:8).

Jesus var smord för att göra goda gärningar och bota alla som var fast under djävulens våld. Han befriade mannen, som levde bland gravarna i gerasenernas område, från en hel legion av onda andar (Luk. 8:26-39). Omedelbart fick mannen tillbaka sitt förstånd och blev evangelist i de tio städerna i området Dekapolis. Här talas också om några kvinnor, som blivit helade och befriade från onda andar, och som nu betjänade Jesus praktiskt och ekonomiskt (Luk. 8:2-3). Av dem är Maria som kallades Magdalena, Joanna som var gift med Kusas samt Susanna namngivna. Dessa kvinnor hade inte enbart blivit befriade, utan också insatta i viktiga uppgifter.

En annan kvinna vi kan läsa om var i arton år bunden av en plågoande (Luk. 13:10-18). Hon blev befriad, hennes krokiga rygg blev uträtad och sjukdom och betryck lämnade henne. Jesus talade uppmuntrande ord till henne, att hon var en Abrahams dotter, och befäste hennes rätta identitet. Hon var inte oren och nedbruten längre, utan en befriad kvinna som tillhörde Guds folk.

När Jesus mötte demoniskt motstånd var det aldrig en strid mellan två jämnstarka parter eller någon diskussion om demonerna verkligen skulle lyda Jesus. De visste att i och med att Jesus kom i deras värld, så var slaget redan förlorat. De var livrädda och många gånger skrek de av fruktan (Luk. 8:28; Matt. 8:29-31; Mark. 2:23-25). De goda nyheterna är att Jesus gett oss som tror på honom samma auktoritet. Därför kan vi nu kasta ut demoner och på det sättet förmedla befrielse och upprättelse.

"De sjuttio kom glada tillbaka och berättade: Herre, till och med de onda andarna lyder oss i ditt namn. Han sade till dem: Jag såg Satan falla ner från himlen som en blixt. Se, jag har gett er makt att trampa på ormar och skorpioner och över fiendens hela välde. Ingenting ska någonsin skada er" (Luk. 10:17-19).

Jesus vann en total och fullkomlig seger över djävulen och hela mörkrets välde på korset, och vi lever i kraften av denna seger idag (Kol.2:15). Guds nåd som verkade genom Jesus förmedlade befrielse till alla som var betryckta.

Jesus kom med förvandling genom att bota de sjuka

"När det blev kväll kom man till honom med många besatta. Och han drev ut de onda andarna med sitt ord och botade alla som var sjuka, för att det som var sagt genom profeten Jesaja skulle uppfyllas: Han tog på sig våra svagheter och bar våra sjukdomar" (Matt. 8:16-17).

Jesus förvandlade också människors liv genom att bota de sjuka. När människor lider av sjukdom är det många gånger inte bara kroppen som lider, för ofta påverkar det de sjukas hela identitet och självbild. Det finns många exempel på detta i evangelierna.

I Johannes evangelium läser vi till exempel om en blind man som blev helad. Jesus spottade på marken och blandade sin saliv till en lerklump, som han smorde på den blindes ögon. Sedan sände Jesus i väg honom att tvätta sitt ansikte i Siloam-dammen och då kunde han se. Lärjungarna ställde en fråga som ger en föreställning om den mentalitet som rådde på den tiden, i synen på sjuka människor. *"När Jesus kom gående såg han en man som hade varit blind från födseln. Hans lärjungar frågade: Rabbi, vem har syndat så att han föddes blind? Han själv eller hans föräldrar?"* (Joh. 9:1-2). Sjuka betraktades som att de hamnat under Guds dom eller en förbannelse, beroende på synd, som de själva eller deras föräldrar begått. Jesus gick emot den attityden.

"Det är varken han eller hans föräldrar som har syndat, utan det har hänt för att Guds verk skulle uppenbaras på honom. Så länge dagen varar måste vi göra hans gärningar som har sänt mig. Natten kommer då ingen kan arbeta. När jag är i världen är jag världens ljus" (Joh. 9:3-5).

För att understryka detta faktum botade Jesus den blinde. Jesu inställning till sjukdom handlade inte om att förklara varför eller vems fel det var att någon var sjuk. Nej, han såg det som ett tillfälle för Guds rike att uppenbaras. Denne man fick inte bara synen tillbaka, utan han blev också fri från skammen att leva under förbannelse och dom. Han blev helad, men Jesus löste honom också från oket av religiösa domar och fördömelse. Denne man kom till tro och blev en tillbedjare, med en djup uppenbarelse av Jesus Kristus som Messias.

Jesus Kristus förvandlade genom att uppenbara och deklarera människors sanna identitet

"Jesus såg Natanael komma och sade om honom: "Här är en sann israelit som är utan svek" (Joh. 1:47).

Vi är skapade till Guds avbild. Detta innebär att vi alla har ett stort värde för Gud och att vi har fått en viktig uppgift i livet, nämligen att återspegla Jesus till världen. Vi är älskade av Gud och Jesus vill att vi ska vara rotade och grundade i Guds kärlek. Han visade detta genom hela sin tjänst, och talade in den gudagivna identiteten i sina lärjungar och de människor han betjänade.

Vi har redan sett att när Jesus befriade kvinnan som plågades av en sjukdomsande, så såg han också till att både hon och alla som var närvarande fick veta att denna kvinna var en Abrahams dotter (Luk. 13:10-18). Där uppenbarades att hon var en kvinna utvald av Gud för att tro på honom, och att hon tillhörde Guds folk. Redan när de möttes första gången talade Jesus om för Simon att han var Kefas, eller Petrus (Joh. 1:42). Detta profetiska uttalande upprepade han också vid ett senare tillfälle (Matt. 16:15-19). Petrus svek senare Jesus och förnekade honom tre gånger och efter det var han bedrövad, och kände sig då ovärdig att vara Jesu lärjunge längre. Då sände Jesus en speciell hälsning till Petrus och betjänade honom på ett så kärleksfullt sätt att han kunde återfå sin identitet och kallelse.

Jesus talade in i Natanaels liv, att han var *"en sann israelit, i vilken inte något svek fanns"* (Joh. 1:47). Och han kallade tulltjänstemannen Sackeus *"en Abrahams son"*. Vi skulle kunna ge många fler exempel, men poängen är att när Jesus uttalade dessa förlösande ord så hände något på insidan; människor började se på sig själva med Jesu ögon. När de gjorde detta så blev deras liv förvandlade, och de blev efterföljare till Kristus. När vi får ett förnyat möte med Jesus Kristus så blir våra liv förvandlade och vi lär oss lyssna in vad Jesus talar in i våra hjärtan.

Jag har verkligen lärt mig att uppskatta de tilltal jag fått ifrån Herren, och kanske speciellt de tilltal som har visat mig på vem jag är i Guds ögon. I min telefon har jag en mapp där jag samlat alla profetiska ord jag tagit emot från Herren, och jag kollar på dem och ber ut dem regelbundet. Detta är alltid ett mycket givande sätt att tillbringa tid med Herren. Det hjälper mig att bejaka min identitet i Kristus, och ger mig tro på Guds möjligheter till förvandling.

Förvandling av hela människan är en del av Jesu Kristi försoningsverk

Jag vill avsluta detta kapitel med att återge hur förvandling kommer till hela människan genom Kristi fullbordade verk. Det här blir en kort resumé av tidigare kapitel för att visa på hur vi kan leva i förlängningen av det Jesus påbörjade genom sin jordiska tjänst. Som troende i det Nya förbundet behöver vi inte vänta på att förlåtelse och befrielse, eller helande och upprättelse av identiteten, ska bli oss givet från himlen. Jesus har redan vunnit allt detta och givit det åt oss genom sin försoning på korset. Vi har sett hur:

- **Jesus förvandlade människor genom att förlåta synder.** I det Nya förbundet har alla våra synder – i det förgångna, i nutid och framtida – redan utplånats och blivit helt förlåtna genom Jesu Kristi fullbordade verk. *"Ni var döda genom era överträdelser och er oomskurna natur, men också er har* *han gjort levande med Kristus. Han har förlåtit oss alla överträdelser och utplånat skuldebrevet som vittnade mot oss med sina krav. Det tog han bort genom att spika fast det på korset"* (Kol. 2:13-14). Gud, som alltid håller sina löften, har lovat att han inte längre ska minnas våra synder (Hebr. 8:12; 10:17-18).

• **Jesus förvandlade människor genom att befria från demoniskt betryck.** Som troende i det nya förbundet, har vi redan blivit befriade från mörkrets makt och blivit insatta i Guds älskade Sons rike (Kol. 1:13-14). Mörkret har förlorat sin makt. Frihet från mörkrets makter är därför något som tillhör oss. Men inte bara det, vi har även makt och auktoritet över den demoniska världen genom namnet Jesus. Jesus vann en evig seger över alla mörkrets makter och i hans seger står vi idag; vi är mer än övervinnare genom honom som älskar oss (Rom. 8:36-37).

• **Jesus förvandlade människor genom att hela från sjukdomar.** Genom segern på korset har Jesus vunnit helande för oss till både kropp och själ. Därför skriver Petrus att Jesus är våra själars Herde och Vårdare. Han säger detta i samma sammanhang som han påminner oss om att vi blev helade genom Jesu Kristi sår. *"Han bar våra synder i sin kropp upp på korsets trä, för att vi skulle dö bort från synderna och leva för rättfärdigheten. Genom hans sår är ni helade. Ni var som vilsna får, men nu har ni vänt om till era själars herde och vårdare"* (1 Petr. 2:24-25). Fysiskt helande, liksom helande och upprättelse för själen är en del av Kristi försoningsverk. Detta är inte längre endast ett löfte som vi ser fram emot, utan det är en realitet i den nya skapelsen, och som vi kan ta emot i tro redan nu. Jesus bar våra smärtor och sjukdomar på korset.

- **Jesus förvandlade människor genom att proklamera deras nya identitet.** När vi föddes på nytt blev vi nya skapelser och fick en ny identitet. *"Om någon är i Kristus är han alltså en ny skapelse. Det gamla är förbi, något nytt har kommit"* (2 Kor. 5:17). Vår ande har blivit pånyttfödd och helgad, och vi har nu blivit välsignade med alla andliga välsignelser i Kristus. Vi är söner och döttrar och har igenom Jesus ärvt Guds rike. Nya testamentet är fullt av uttryck för vilka vi är i Kristus. Dessa påståenden är lika verksamma som dem som Jesus talade ut över människor, eftersom det är Gud som genom Skriften proklamerar dem över oss.

Upprättelse är vårt arv som söner och döttrar till Gud. Därför är det så uppmuntrande och spännande att läsa Ordet. Samma upprättelse, frihet och nya liv, som Jesus gav till människor i Bibeln, har han gett oss i det Nya förbundet. Förvandling har blivit fullt tillgänglig för oss genom Guds nåd, och inte bara för oss själva; samma förvandlande kraft verkar också genom oss till andra, genom den helige Andes smörjelse.

KAPITEL 14: STOR NÅD VAR ÖVER DEM ALLA

Apostlagärningarna är en viktig bok eftersom den beskriver hur Jesu Kristi tjänst i Andens kraft fortsätter genom församlingen. Vi har blivit smorda med samma smörjelse som vilade över Kristus. Därför är vi kallade och utrustade att fortsätta Kristi tjänst genom att predika evangeliet och uppenbara Guds hjärta för världen. Guds nåd förvandlar inte bara våra liv, men fortsätter också att förvandla världen igenom oss.

Stor nåd över oss

"Med stor kraft bar apostlarna fram vittnesbördet om Herren Jesu uppståndelse, och stor nåd var över dem alla" (Apg. 4:33).

I denna vers står det att stor nåd var över alla de troende. Kom ihåg att nåd definieras som både Guds verksamma kraft och hans oförtjänta favör.

Mot den bakgrunden kan vi hämta ett antal viktiga insikter från detta bibelord. Denna vers fastslår att stor och oförtjänt favör var över dem alla, och att Guds verksamma kraft och förmåga verkade genom dem på ett mäktigt sätt. Eftersom Gud inte har något anseende till människor har vi också fullt tillträde till samma nåd och favör också idag.

Den tidiga kristna församlingen levde mitt i en stor väckelse. Här beskriver Apostlagärningarna vad som var källan och bränslet i den väckelsen, nämligen Guds nåd. Som vi redan konstaterat är Guds nåd den förmåga och verksamma kraft som verkar inom oss och för oss. Genom att vi inser att Guds fulla kraft är tillgänglig för oss genom nåd, kommer vår tro att uppväckas och växa på ett starkt sätt. Vi bör alltid påminna oss om att väckelse och förnyelse beror på Guds nåd, inte våra ansträngningar eller prestationer. Då behåller vi ett Kristus-centrerat fokus.

De flesta väckelseskeenden som har avstannat, har gjort det på grund av att de som bar väckelsen tappade fokuset på Jesus. Som regel började lagiskhet eller personliga ambitioner smyga sig in i väckelsen, och då dör den. Sanningen är dock att all fortsatt väckelse och andligt genombrott bygger på att vi står fast i Guds nåd (Rom. 5:1-2). Jesus och hans försoningsverk måste alltid vara vårt centrum.

Guds nåd och den helige Ande

"En sådan tillit till Gud har vi genom Kristus. Inte så att vi av oss själva kan tänka ut saker på egen hand, utan vår förmåga kommer från Gud. Han har gett oss förmåga att vara tjänare åt ett nytt förbund, som inte är bokstavens utan Andens. Bokstaven dödar, men Anden ger liv" (2 Kor. 3:4-6).

Vi har tittat på denna vers tidigare, men här vill jag att vi ska notera sambandet mellan Guds nåd och den helige Ande. Kom ihåg att det är den helige Andes tjänst som gör att det Nya Förbundet fungerar. Detta är viktigt för oss att känna till, för att vi skall förstå hur Guds nåd är verksam och förvandlar människor. Vi har sett hur stor nåd var över församlingen i Jerusalem. Det står klart att det fanns ett samband mellan den nåd som var över lärjungarna och utgjutandet av den helige Ande på Pingstdagen. Vägen till att leva i nådens välsignelser är att utveckla en intim relation med den helige Ande. Vi finner ett liknande exempel lite längre fram i Apostlagärningarna:

174

"Och Herrens hand var med dem, och ett stort antal kom till tro och omvände sig till Herren. Ryktet om detta nådde församlingen i Jerusalem, och man sände då Barnabas till Antiokia. När han kom dit och såg vad Guds nåd hade gjort, blev han glad och uppmanade dem alla att hålla sig till Herren av hela sitt hjärta" (Apg. 11:21-23).

Här handlar det om församlingen i Antiokia. Det står att Herrens hand var med dem och ett stort antal människor kom till tro. Barnabas kom dit, och han gladde sig när han såg vad Guds nåd hade gjort ibland dem. Uttrycket *"Herrens hand var med dem"* är ett annat sätt att säga att den helige Ande verkade ibland dem. Det framgår också tydligt av det faktum att människor i stort antal kom till tro. Hur kunde detta hända? Väckelsen var ett resultat av att Guds nåd verkade i, och genom församlingen i Antiokia. Deras andefyllda livsstil förlöste Guds nåd. Av det kan vi förstå att när vi lever i gemenskap med den helige Ande, så kan vi också förvänta oss den oförtjänta favören från Gud kommer verka till vår fördel. Denna uppenbarelse bör bli en stor inspiration och motivation för oss att hela tiden låta oss uppfyllas av den helige Ande!

Paulus och Guds nåd

"Men genom Guds nåd är jag vad jag är, och hans nåd mot mig har inte varit förgäves, utan jag har arbetat mer än alla de andra – fast inte jag själv, utan Guds nåd som varit med mig" (1 Kor. 15:10).

Paulus bekräftar också detta. Han konstaterar att även om det är sant att han arbetat hårt, så var det i praktiken Guds nåd som arbetade för, och igenom honom till stor välsignelse. Detta klargör för oss hur viktigt det är att inse att Guds nåd verkligen är hans verksamma kraft. Vi kan räkna med att den oförtjänta favör som Gud ger skall verka genom oss och öppna nya dörrar, när vi utvecklar vår relation med Gud. Nåd är något mycket mer än ett teologiskt begrepp. Det är en del av Guds natur och för att förbli sammankopplad med Guds nåd behöver vi leva i samklang med hans hjärta.

Nåden uppenbaras genom Kristus

"Lagen gavs genom Mose, nåden och sanningen kom genom Jesus Kristus" (Joh. 1:17). Lagen gavs genom Mose, och den kunde ges genom en tjänare eftersom det är fullt möjligt att ge befallningar och instruktioner på avstånd. Men eftersom nåd är en del av vem Gud är, så måste nåden uppenbaras och upplevas genom en personlig relation med Gud. Detta är anledningen till att Jesus kom. Han uppenbarar Guds nåd, och vi tar emot de förmåner som nåden ger genom att förbli i honom. *"...till ära och pris för den nåd som han har skänkt oss i den Älskade"* (Ef. 1:6). Detta var en nyckel för mig när jag började upptäcka Guds nåd som en verksam kraft, som förlöser Guds favör över mig. Jag upptäckte att när jag levde i en intim relation med den helige Ande så öppnade sig nya dörrar och möjligheter för mig. På de områden där mitt arbete tidigare burit liten frukt, fick jag nu en rik skörd, långt mer än vad jag någonsin hade kunnat föreställa mig.

Såväl i församlingen i Antiokia, som för Paulus i hans apostoliska tjänst, öppnades enorma dörrar. Starka genombrott kom när Guds nåd verkade genom dem. Gud vill att vi alla ska ha liknande genombrott även i våra liv. Detta sker när Guds övernaturliga favör vilar över oss som ett resultat av hans nåd. Vi kan aldrig någonsin förtjäna Guds övernaturliga favör. Det är en

176

gåva som Gud ger oss av nåd. Vår del i det hela är att tro Gud om det och att ta emot den gåvan genom tro.

Kristi tjänst fortsätter genom oss

"Så har kärleken nått sitt mål hos oss: att vi har frimodighet på domens dag. För sådan han är, sådana är också vi i den här världen" (1 Joh. 4:17). Jag har citerat detta bibelord åtskilliga gånger i denna bok, för det belyser vår identitet i Kristus på ett så kraftfullt sätt. Vi är i honom och vi har också blivit medarvingar till honom. Detta innebär att vi också är kallade att presentera Guds rike på samma sätt som han gjorde. Vi kan aldrig sikta mot ett annat mål i vår tjänst för Kristus än originalet; det exempel som vi finner när vi studerar Jesu Kristi liv. Om vi söker efter någon annan standard i vår tjänst, så kan vi nog åstadkomma en hel del som är gott, men vi kommer inte att nå vår fulla potential i Kristus.

Det är bara genom att fokusera på Kristus som vi kan se hur det är tänkt att vi ska tjäna Herren i det Nya förbundet.

Som vi redan sett, så skrevs Apostlagärningarna för att skildra hur Kristi tjänst går vidare genom den andefyllda församlingen. De goda nyheterna är att när Kristus steg upp till sin Far så upphörde inte hans tjänst i den här världen. Den spreds vidare på bredare front när den helige Ande utgöts på Pingstdagen. Jag har ofta funderat över hur det såg ut i den andliga världen när detta hände. Innan dess hade endast Jesus ägt den smörjelse som var över honom som Messias. På Pingstdagen fanns det plötsligt 120 personer som utrustades med samma smörjelse. Sedan dröjde det inte länge förrän tusentals personer i Jerusalem blev födda på nytt och fyllda med den helige Ande. Detta var en total chock för mörkrets rike, en chock som ondskans makter aldrig kommer att hämta sig från.

Löftet om den helige Ande

"Men när den helige Ande kommer över er, ska ni få kraft och bli mina vittnen i Jerusalem, i hela Judeen och Samarien och ända till jordens yttersta gräns" (Apg. 1:8-9).

Det är uppenbart att vi behöver den helige Andes kraft för att utföra vårt uppdrag. En kristen livsstil som inte är beroende av den helige Ande är onormal. Ibland får jag samtal med människor som uttrycker att de är kristna, men som samtidigt säger att de inte vill vara en karismatisk kristen. Jag förstår vad de menar, men att leva i den helige Andes kraft har inget att göra med vilka uttryckssätt vi föredrar eller vilken rörelse vi kanske identifierar oss med. Det har att göra med Guds hjärta och kärlek till världen. Vi behöver vandra i Andens kraft för att fullgöra vårt uppdrag. Därför är den andefyllda kristendomen den enda normala kristendomen, och det var av den anledningen som Jesus uppmanade sina lärjungar att vänta i Jerusalem tills den helige Ande hade kommit över dem. Detta hände på Pingstdagen i Jerusalem.

Pingsten är här!

"När pingstdagen kom var de alla samlade. Då hördes plötsligt från himlen ett dån som när en våldsam storm drar fram, och det fyllde hela huset där de satt. Tungor som av eld visade sig för dem och fördelade sig och satte sig på var och en av dem. Alla uppfylldes av den helige Ande och började tala främmande språk, allteftersom Anden ingav dem att tala" (Apg. 2:1-4).

Denna händelse markerar inledningen av en ny epok. Väntetiden var över och den kristna kyrkan föddes. De flesta av oss är väl bekanta med vad som hände när den helige Ande uppfyllde lärjungarna. Därför är det kanske svårt att för oss att föreställa sig vilket historiskt tillfälle detta var. Fram till dess hade aldrig någon enskild person, inte heller en grupp människor, blivit fyllda med den helige Ande på detta sätt.

Det var en helt ny typ av människor som nu introducerades i världen – Guds söner och döttrar. Dessa hade blivit fullt utrustade för att förvandla världen och uppenbara Guds Fadershjärta. Det som hände denna speciella dag var inte begränsat till just den dagen, utan det var inledningen till en helt ny tid.

Idag lever vi i en ständig pingst; nu när den helige Ande har blivit utgjuten så behöver vi inte längre vänta på att Anden ska komma. Han är ju redan här! Varje troende kan bli uppfylld av den helige Ande och tala nya tungomål. Varje troende kan använda Andens gåvor och förvänta sig tecken och under. Anden blev given som en gåva till Kristi kropp på Pingstdagen och Anden har aldrig lämnat oss sedan. Den helige Ande förblir hos oss här på jorden, och väntar på att vi ska ta emot Honom. Han längtar efter att vi ska ge Honom djupare tillgång till hela vår varelse. Anledningen till att Guds nåd kunde vila över den första kristna församlingen var att de hade fått en djup relation med den helige Ande.

Vårt arv som Guds barn

"Alla Guds löften har i honom fått sitt ja. Därför får de också genom honom sitt Amen, för att Gud ska bli ärad genom oss. Det är Gud som befäster oss och er i Kristus och som har smort oss. Han har även satt sitt sigill på oss och gett oss Anden som en garant i våra hjärtan" (2 Kor 1:20-22).

I Kristus har vi tagit emot ett evigt "ja" till alla Guds löften. Dessa tillhör oss, eftersom vi har blivit grundade i Kristus, smorda av Gud, och beseglade

179

med den helige Andes insegel. Dessa välsignelser är inte enbart för oss själva att njuta av, utan de har getts till oss, för att vi ska kunna nå hela världen med evangeliet. Ett de löften Gud har gett förklarar att vi ärvt hela världen.

"Det var inte genom lagen som Abraham och hans avkomlingar fick löftet att ärva världen, utan genom den rättfärdighet som kommer av tro" (Rom. 4:13).

Detta betyder att en del av vårt arv i Kristus innebär att världen har blivit vår arvedel. Den här världen tillhör inte djävulen. För tillfället är skapelsen under syndens och dödens förbannelse. Men hos hela skapelsen finns en längtan efter att nå fram till Guds barns härliga frihet.

"Själva skapelsen väntar och längtar efter att Guds barn ska uppenbaras. Skapelsen har ju blivit lagd under förgängelsen, inte av egen vilja utan genom honom som lade den därunder. Ändå finns det hopp om att även skapelsen ska befrias från sitt slaveri under förgängelsen och nå fram till Guds barns härliga frihet" (Rom. 8:19-21).

Världen tillhör Gud och en del av vår kallelse är att förkunna evangeliet för hela skapelsen så att Guds rike kan bli synligt överallt. Vårt arv i Kristus är mycket större än vi någonsin kan drömma om. När vi förstår att hela världen tillhör oss kan vi förvänta oss genombrott överallt där vi går Herrens ärenden. Jag reser mycket i stängda länder, där det ibland kan vara farligt att predika evangeliet. Jag har utvecklat en vana som hjälpt mig att komma in i sådana områden med ett Gudsrikes-perspektiv. När jag kliver av planet och mina fötter berör marken, så proklamerar jag alltid att den nation jag besöker, liksom alla dess invånare, tillhör Guds rike. Detta fortsätter jag sedan att proklamera under hela min vistelse i landet. I många av de länder jag besöker, finns för tillfället inte så många omständigheter som till det yttre bekräftar den proklamationen. Men det är bara en tidsfråga innan några av de nationer som betecknas som hårdast och mest stängda kommer att förvandlas av evangeliet. Världens nationer är vårt arv i Kristus, och alla nationer längtar djupast sett efter Jesus (Haggai 2:8). Det finns en längtan hos alla folk i varje nation i världen efter att leva i en levande relation med Jesus Kristus. Vi har fått förmånen att föra ut evangeliet till dem så att de kan ta emot Jesus Kristus och bli födda på nytt.

Abrahams välsignelse

"Kristus har friköpt oss från lagens förbannelse genom att bli en förbannelse i vårt ställe. Det står skrivet: Förbannad är var och en som är upphängd på trä. Så skulle välsignelsen som Abraham fått komma till hedningarna i Jesus Kristus, så att vi genom tron skulle få den utlovade Anden" (Gal. 3:13-14).

Detta är uppfyllelsen av Abrahams välsignelse som i Kristus givits till alla hedningar. Vi har blivit frigjorda från lagens förbannelse, och genom att vi har tagit emot den helige Ande så lever också vi i Abrahams välsignelse. Gud gav några oerhört starka löften till Abraham och hans ättlingar.

"Jag svär vid mig själv, säger Herren: Eftersom du har gjort detta och inte undanhållit mig din ende son, ska jag välsigna dig rikligt och göra dina efterkommande talrika som stjärnorna på himlen och som sanden på havets strand, och din avkomma ska inta sina fienders portar. I din avkomma ska jordens alla folk bli välsignade, därför att du lyssnade till min röst" (1 Mos. 22:16-18).

Detta är en del av Abrahams välsignelse som vi nu har del av. Abraham fick löftet att hans efterkommande skulle bli talrika, inta sina fienders portar och genom dem skulle alla folk bli välsignade. I Nya förbundet ser vi dessa löften i ett nytt och tydligare ljus, för Paulus fick uppenbarelse om att Kristus är Abrahams sanna avkomma.

"Nu gavs löftena till Abraham och hans avkomma. Det står inte: 'och dina avkomlingar', som när det gäller många, utan som när det gäller en enda: och din avkomma, som är Kristus" (Gal. 3:16).

Kristus är Abrahams säd, vilket innebär att genom Kristus ska alla världens nationer bli välsignade. Det är på grund av Kristus som vi har ärvt Abrahams välsignelse. Detta är anledningen till att Paulus kunde säga att världen är vår arvedel. Guds plan för sin församling har alltid varit att den ska nå världen med evangeliet. Detta framgår redan av de löften som Gud gav till Abraham.

Inta våra fienders portar

"Och jag säger dig: Du är Petrus, och på denna klippa ska jag bygga min församling, och helvetets portar ska inte få makt över den. Jag ska ge dig himmelrikets nycklar. Allt som du binder på jorden ska vara bundet i himlen, och allt som du löser på jorden ska vara löst i himlen" (Matt. 16:18-19).

En viktig del av Abrahams välsignelse är att hans avkomma ska inta sina fienders portar. När Jesus gör klart att helvetets portar inte ska få makt över hans församling, så proklamerar han uppfyllelsen av löftet till Abraham. När församlingen går framåt i den helige Andes kraft kommer varje port och fäste som fienden har rest brytas ned. Varje nation kommer slutligen bli välsignad i Kristus, och församlingen ska göra folk i alla nationer till lärjungar.

Ibland gör människor en stor sak av de fästen av ogudaktighet som finns i världen. Detta är förstås förståeligt när vi begrundar hur världen ser ut just nu. Men det är viktigt för oss troende att se på världen genom Guds löften. Jesus sa att ingen av fiendens portar kommer att kunna stå emot församlingen. Vi lever i Kristi seger och har auktoritet att regera med liv på alla områden i denna värld (Rom. 5:17).

Detta betyder inte att vi regerar på ett politiskt eller dominerande sätt, men det innebär att vi har ett himmelskt mandat att betjäna människor genom att förkunna evangeliet. När vi gör detta kommer Faderns kärlek att förvandla nationerna genom oss.

Varje nation kommer att bli välsignad i Kristus

"Då trädde Jesus fram och talade till dem och sade: Åt mig har getts all makt i himlen och på jorden. Gå därför ut och gör alla folk till lärjungar! Döp dem i Faderns och Sonens och den helige Andes namn och lär dem att hålla allt som jag befallt er. Och se, jag är med er alla dagar till tidens slut" (Matt. 28:18-20).

När Jesus ger oss uppdraget att göra alla folk till lärjungar, så innebär det uppfyllelsen av löftet till Abraham att alla nationer skulle välsignas genom hans avkomma. Vi kommer slutligen nå alla nationer med evangeliet och göra folken till lärjungar.

Varje eskatologisk ståndpunkt eller undervisning om den yttersta tiden som förminskar dessa löften bör ifrågasättas. Alltför många människor har förlorat hoppet och gett makt åt en avväpnad djävul genom en undervisning som fastslår att framtiden bara blir värre och mörkare. Vi kan ha olika synsätt i eskatologiska frågor, men vi borde åtminstone vara överens om det faktum att församlingen kan förvänta sig härliga segrar och genombrott när vi går ut i hela världen och gör lärjungar. Jag är övertygad om att vi ännu inte sett detta i sin fullhet, och därför är framtiden för mission och evangelisation mycket spännande (Jer. 29:11).

Den helige Ande och Abrahams välsignelse

Paulus kopplar samman löftet till Abraham med löftet om den helige Ande. Anledningen till detta är att det är endast när vi blir uppfyllda med den helige Ande som vi kan ta emot den utrustning vi behöver för att fullgöra den befallning Jesus gav till sina lärjungar (Gal. 3:14). Pingstdagen, då lärjungarna fylldes med den helige Ande, förändrade allt. Församlingen har nu tillgång till all den utrustning som krävs för att fullgöra sin höga kallelse.

Vi kommer att se närmare på denna utrustning i nästa kapitel, men det är viktigt för oss att förstå att vi behöver rustas av Gud. Det uppdrag som Gud gett oss är alltför stort för att vi skulle kunna fullgöra det i vår egen kraft. En stor del av att bli förvandlad genom Guds nåd är att vi nu är skickliggjorda och utrustade för att regera i liv med Kristus (Rom. 5:17); den helige Ande älskar att ge drömmar och visioner till sitt folk. När Petrus predikade på Pingstdagen, nämner han drömmar och visioner som ett tecken på ett andefyllt liv.

Ett profetiskt folk

"Och det ska ske i de sista dagarna, säger Gud, att jag utgjuter av min Ande över allt kött. Era söner och era döttrar ska profetera, era unga ska se syner och era gamla

184

ska ha drömmar. Ja, över mina tjänare och tjänarinnor ska jag i de dagarna utgjuta av min Ande, och de ska profetera" (Apg. 2:17-18).

En av frukterna av att bli fylld med en helige Ande är att vi får profetisk uppenbarelse. Detta innebär att vi tar emot Guds visioner och planer genom den helige Andes uppenbarelse. Vi är Guds söner och döttrar och är därför kallade att profetera. Detta begränsas inte till kön eller ålder, för i profetian vi citerat räknas alla tänkbara kategorier upp: söner, döttrar, tjänare och tjänarinnor, gamla och unga. Att tala profetiskt betyder inte bara att stå upp i en gudstjänst och förmedla ett profetiskt budskap, eller att ge någon en personlig hälsning från Gud. Det innebär också att se det Gud ser och att leva ut hans planer och avsikter med våra liv. Den helige Ande vill dela sina drömmar och visioner för den här världen med oss så att vi kan samarbeta med honom och förlösa hans vilja i den här världen.

Vi skulle kunna säga att den helige Ande förvandlar oss till himmelska visionärer. Tidigare brukade jag vara deprimerad och såg ingen meningsfull framtid. Men när jag blev uppfylld med den helige Ande, och han började dela sina drömmar och visioner för mitt liv, så fann jag såväl hopp som framtid i Kristus.
Det är inte endast vårt förflutna som är försonat och förvandlat genom Guds nåd, utan vi får också ta emot en ny framtid genom samma nåd!

Vår framtid avgörs aldrig genom den hopplöshet vi upplevt i det förflutna, utan genom de drömmar och visioner som den helige Ande uppenbarar angående vår framtid. Och ju mer vi lär oss att samarbeta med honom desto mer kan han göra genom oss, och han vill alltid göra långt mer än vi någonsin trodde var möjligt.

SAMMANFATTNING

En generation som berövats på mening och hopp ska bli förvandlad till en generation som förändrar världen genom den helige Andes kraft och smörjelse. Jag är övertygad om att några av de största pionjärerna och missionärerna i hela församlingens historia håller på att resas upp just nu. Den helige Ande har sparat det bästa vinet till sist. Vi lever i en tid av skörd där det kommer att bli flera genombrott än tidigare i världens nationer. Stor nåd och mäktig smörjelse vilar över församlingen när vi går in i en framtid av genombrott i nationerna och en stor skörd av själar. Av nåd har vi som Guds folk välsignats med en oerhört spännande framtid. Låt oss gå in i den med glädje och förväntan!

DEL FYRA: ATT FÖRMEDLA GUDS NÅD

Som vi sett genom hela denna bok, har vi utrustats för att tjäna i det Nya Förbundet (2 Kor. 3:4-6). Detta är inget som vi har förtjänat, utan det har givits till oss genom Guds nåd. Nu ska vi titta på hur denna nåd förvaltas genom Kristi kropp. Detta är nödvändigt eftersom tjänsten i det Nya förbundet är Andens tjänst. I tidigare kapitel har vi fastslagit att det är ett andefyllt liv som gör det möjligt för oss att leva helt och fullt i välsignelserna av Guds nåd. Därför har Gud gett oss smörjelsen, de femfaldiga tjänstegåvorna och Andens nådegåvor till oss. Det är genom dessa som Guds nåd verkar för att bygga upp Kristi kropp och frigöra Guds kraft i denna värld. Vi ska nu se närmare på var och en av dessa tre välsignelser som Gud har gett till oss, för att hitta vägar till hur vi kan samarbeta med Guds nåd. När vi förstår att vi kan samarbeta med Guds nåd genom en intim gemenskap med den helige Ande blir livet med Jesus spännande. Vi är kallade till att leva i smörjelsen och i flödet av Andens gåvor.

Att förmedla uppenbarelse

"Jag längtar efter att få träffa er och dela med mig av någon andlig gåva åt er så att ni blir styrkta, alltså att vi tillsammans ska få hämta uppmuntran ur vår gemensamma tro, er och min" (Rom. 1:11-12).

I denna del av boken kommer vi också upptäcka hur Guds nåd kan förmedlas. Vi har tidigare fokuserat på hur vi kan lära oss att ta emot välsignelserna av Guds nåd genom den helige Andes uppenbarelse. Bibeln talar också om att människor kan få del av Guds nåd genom att någon förmedlar den vidare.

"Låt inga smutsiga ord komma över era läppar, utan bara det som är gott och bygger upp där det behövs, så att det blir till glädje för dem som hör det" (Ef. 4:29).

Guds nåd förmedlas till oss när vi tar emot den genom en annan troende. Detta kan ske på ett antal olika sätt, exempelvis genom handpåläggning (2 Tim. 1:6). Det kan också ske genom att vi låter oss påverkas av deras liv och exempel (4 Mos. 11:16-30).
Denna påverkan kan ske genom samtal, eller att vi lyssnar till andesmord undervisning, eller när vi läser inspirerande böcker. Då tar vi emot välsignelse av den nåd och smörjelse som förmedlas där. Detta kan också ske genom aktiv lärjungaträning. Därför är det viktigt för alla som har någon form av tjänst i Guds rike att alltid prioritera att bygga upp Kristi kropp och att förmera det mandat man har fått av Gud genom att resa upp människor i tjänst. Det finns tre huvudsakliga kanaler, genom vilka nåden kan förmedlas. Dessa är:

1. Den helige Andes smörjelse

2. Andens nådegåvor

3. Tjänstegåvorna

Vi kommer nu att titta närmare på vart och ett av dessa kanaler för att lära oss mer om hur dessa fungerar. Vi ska också se på hur vi kan förbereda oss för att ta emot de välsignelser som Gud vill förmedla till oss.

188

KAPITEL 15: DEN HELIGE ANDES SMÖRJELSE

Vi blir inte bara frälsta och förvandlade genom Guds nåd. Vi blir även kvalificerade och utrustade till att tjäna i Guds rike genom nåd. Den utrustning som Gud ger till oss är den helige Andes smörjelse, och att vara smord av Gud innebär att den troende får kraft, favör och blir utrustad med de gåvor och den auktoritet som behövs för att fullborda sitt uppdrag i Guds rike.

Smörjelsen och Guds nåd

"Det är Gud som befäster oss och er i Kristus och som har smort oss. Han har även satt sitt sigill på oss och gett oss Anden som en garant i våra hjärtan" (2 Kor. 1:21-22).

Det var när lärjungarna blev fyllda med den helige Ande som de började utföra sina uppgifter i Guds kraft och genom hans stora nåd. Detsamma gäller för oss idag. Vi behöver leva en andefylld livsstil för att kunna fungera i de olika tjänster, gåvor och kallelser som Herren anförtrott oss. Smörjelsen är inte något som vi kan förtjäna. Det är en del av vårt arv i Kristus, som vi har fått del av för att vi är Guds barn. Vi kan göra bruk av det som anförtrotts oss eller ignorera det, men vi kan aldrig förtjäna smörjelsen.

Allt eftersom vi lär oss att vara följsamma för den helige Andes smörjelse så kommer den att öka och flöda genom oss så mycket lättare. För att det skall bli möjligt måste vi utveckla en intim relation med den helige Ande. Smörjelsen är ingen andlig kraft, utan den utrustning som givits oss genom den helige Ande. Genom att lära känna den helige Ande lär vi oss att vandra i smörjelsen. När vi står till den helige Andes förfogande, kommer vi också kunna förmedla nåd till de människor vi betjänar.

Vad menas med smörjelse?

Vi får del av smörjelsen när den helige Ande kommer över oss med kraft för att utrusta oss att göra det som vi blivit kallade till. För varje kallelse och tjänst finns en smörjelse från Gud tillgänglig som hjälper oss att tjäna i våra uppgifter. Bibliska ord som *"kraft"*, *"smörjelse"* och *"Guds hand"*, används synonymt i Bibeln för att beskriva samma sak – den utrustning och nåd som Gud ger oss till att utföra hans kallelse i våra liv. När vi föddes på nytt kom den helige Ande för att bo i oss, men i andedopet kommer han över oss med kraft. *"Men när den helige Ande kommer över er, ska ni få kraft och bli mina vittnen i Jerusalem, i hela Judeen och Samarien och ända till jordens yttersta gräns"* (Apg 1:8).

Den helige Andes kraft är nödvändig om vi ska kunna fullborda Guds vilja för våra liv. Smörjelsen var anledningen till att den första kristna församlingen kunde predika evangeliet på ett sådant sätt att det berörde hela den då kända världen inom nästan en generation. *"Och de gick ut och predikade överallt, och Herren verkade tillsammans med dem och bekräftade ordet genom de tecken som åtföljde det"* (Mark. 16:20). Detta gäller också idag. Om vi vill fullfölja Guds vilja för våra liv så behöver vi den helige Andes kraft. Som vi redan sett, så är den helige Andes kraft och smörjelsen synonyma begrepp. Att leva i en förnyad smörjelse, genom att vara fyllda av den helige Ande bör vara något vi dagligen sträcker oss efter (Ef. 5:17-18). De goda nyheterna är att den helige Ande i oss och därför kan vi vara tillsammans med honom hela tiden. På så sätt kan vi ständigt leva i flödet av Guds kraft.

Jag har sett vilken påverkan den helige Andes kraft har gjort på mitt liv. Den utrustning som ges till oss genom den helige Ande gör hela skillnaden. När jag började min tjänst saknade jag både erfarenhet, utbildning och naturliga förutsättningar för att göra det Gud hade kallat mig till. Men den helige Andes kraft har gjort skillnaden. Därför kan jag som förut inte kunde tala offentligt, nu resa över världen och predika. Det är den helige Ande som hjälper mig som förut inte kunde få ihop en hel sida skrift, att nu skriva böcker som berör och förvandlar människors liv. Allt detta är ett verk av Guds nåd, genom den helige Andes kraft i mig.

Smörjelsen i Gamla testamentet

I Gamla testamentet kunde inte den helige Ande bo i Guds folk, eftersom ingen då var född på nytt. Jämfört med idag kunde den helige Ande endast betjäna Guds folk på ett mycket mer begränsat sätt.

Det var framför allt genom tre ämbeten som smörjelsen verkade i Gamla förbundet. Den helige Ande smorde kungen, prästen och profeten för att de skulle kunna fungera i sina respektive ämbeten. Exempelvis ser vi hur Elisa smordes till profet (1 Kung. 19:16), Aron till präst (2 Mos. 29:4-7; 30:30), och David till kung (1 Sam. 16:1; 11-13). Den helige Ande kom över de människor som tjänade i dessa tre ämbeten så att de skulle fungera i sin tjänst. I dessa ämbeten verkade smörjelsen bland Israels barn. Det var fortfarande på ett mycket begränsat sätt, eftersom den helige Ande endast kunde komma över Guds tjänare i dessa speciella ämbeten. Idag har allt Guds folk den helige Ande levande på insidan, och allt Guds folk kan utveckla en intim relation med Herren. Vi kan uppleva hans närvaro och göra hans gärningar genom den helige Andes smörjelse och kraft.

Smörjelsen i Nya testamentet

När vi studerar hur smörjelsen fungerade i Nya testamentet så behöver vi börja med Jesus. Tidigare i boken såg vi klart att Jesus levde och verkade som en människa smord med den helige Andes kraft. Han levde och betjänade inte människor utifrån att han var Gud, trots att han verkligen är Gud. Han levde och fullgjorde sin tjänst som människosonen, uppfylld av den helige Andes kraft. Petrus säger:

"Gud smorde Jesus från Nasaret med den helige Ande och kraft. Han gick omkring och gjorde gott och botade alla som var i djävulens våld, för Gud var med honom" (Apg. 10:38).

Jesus själv förklarade var hans kraft kom ifrån:

"Herrens Ande är över mig, för han har smort mig till att förkunna glädjens budskap för de fattiga. Han har sänt mig att utropa frihet för de fångna och syn för de blinda, att ge de förtryckta frihet och förkunna ett nådens år från Herren" (Luk. 4:18-19).

Lukas berättar också om hur Jesus gick omkring i den helige Andes kraft (Luk. 4:14-15), och visade i handling hur ett andefyllt liv är tänkt att se ut. Detta ger oss frimodighet, eftersom samma smörjelse som verkade genom Jesus, är tillgänglig också för oss genom den helige Ande. Därför kan vi göra samma gärningar som Jesus gjorde (Joh. 14:12).

Jesus är både vår frälsare och vårt exempel. Som frälsare gjorde Jesus i vårt ställe, vad ingen av oss kunde göra, när han försonade oss med Gud. Som vårt exempel levde han det liv som vi också är kallade att leva, genom den helige Andes kraft (1 Petr. 2:23-24). Samma smörjelse som vilade över Jesus under hans jordiska tjänst, vilar över hans församling idag. Vi är hans kropp, och vi kan följa hans exempel genom att överlåta oss till den helige Andes smörjelse. På det sättet verkar Guds nåds förvandlande kraft genom oss.

Den helige Ande i och över oss

"Ni har en smörjelse från den Helige och ni har alla kunskap… smörjelsen som ni har fått av honom förblir i er, och ni behöver inte någon som undervisar er.
Hans smörjelse undervisar er om allt, och den är sanning och inte lögn. Förbli i honom, så som den har lärt er" (1 Joh. 2:20, 27).

När vi blev födda på nytt flyttade den helige Ande in i oss för att bo i vårt innersta och föra oss in i en intim relation med Gud. Han är vår Hjälpare och vi har den oerhörda förmånen att kunna utveckla en intim relation med honom. Jag nämnde tidigare att det sätt som den helige Ande relaterar till oss i det Nya förbundet är mycket annorlunda mot hur det var under det Gamla förbundet. På den tiden var det enda sättet för Anden att tala och relatera till människor att komma över vissa utvalda personer för tjänst.

Nu lever den helige Ande inom oss och kommer att vara hos oss för alltid (Joh. 14:15-18). Detta är anledningen till att smörjelsen undervisar oss om allt. När vi lär oss att lyssna till den helige Ande, kommer han alltid att leda oss i rätt riktning. Han kommer alltid att förhärliga Jesus Kristus och påminna oss om hans ord och undervisning (Joh. 16:12-15).
Vi behöver utveckla en nära relation till honom genom att förbli lyhörda till hans röst och bevara våra hjärtan

i samklang med hans. Det är också genom den helige Andes verk i oss som vi förvandlas och helgas. Andens frukt och Kristi karaktär växer inom oss när vi förblir känsliga och lever i hans närhet (Gal. 5:22-23). Vi kan uttrycka det så att den helige Ande lever inom oss för att leda och förvandla oss.

Den helige Ande över oss

Som vi har sett, både i Jesu liv och i den tidiga kristna församlingen, är det stor skillnad mellan att ha den helige Ande inom oss och att låta Anden komma över oss. Jesus började verka med kraft när det helige Ande kom över honom, sedan han blivit döpt av Johannes döparen (Matt. 3:16-17). Så var det också för den tidiga kristna församlingen efter upplevelsen på Pingstdagen i Jerusalem. Ibland har det sagts att det räcker med att fyllas med den helige Ande endast en gång, men detta borde vara vår dagliga livsstil. Apostlarna blev döpta i den helige Ande på Pingstdagen (Apg. 2:1-4). Men vi ser hur de fylldes med Anden igen en kort tid efteråt (Apg. 4:31).

Så här skrev Paulus till församlingen i Efesus: *"Berusa er inte med vin, det leder till omåttlighet. Låt er i stället uppfyllas av Anden"* (Ef. 5:18). I Apostlagärningarna läser vi att församlingen i Efesus redan hade blivit fyllda av den helige Ande, men Paulus uppmuntrar dem till att leva i kontinuerlig uppfyllelse av den helige Ande (Apg. 19:1-6). Vi har noterat att den helige Ande bor i oss för att leda och förvandla oss. Här kan vi se att den helige Ande kommer över oss med kraft så att vi ska kunna göra det vi är kallade till. Vi behöver därför ständigt uppfyllas av Anden för att kunna fungera i hans kraft och gåvor. På detta sätt bevaras smörjelsen fräsch och levande i våra hjärtan. Anden kommer över oss med kraft. Detta visar klart på sambandet mellan ett andefyllt liv och Guds nåd. Guds nåd är hans aktiva kraft och favör, och när den helige Ande kommer över oss så förlöses den kraften genom oss.

Varje troende är kallad till att förkunna evangeliet

Alla troende är kallade till att predika evangeliet, med de tecken och under som åtföljer det. Detta innebär att smörjelsen är tillgänglig för alla. Jesus uppmanade oss att gå ut och predika evangeliet och att i hans namn kasta ut onda andar, tala i nya tungor och bota de sjuka (Mark. 16:15-20). För att göra detta behöver vi vandra i Guds kraft. Därför är det så viktigt för den troende att bli döpt i den helige Ande och att låta sig fyllas av hans närvaro hela tiden.

Vi kommer aldrig bli skickliga nog att göra det vi är kallade till att göra, enbart genom att ha goda idéer och smarta strategier. Guds rike fungerar inte på det sättet. Vi behöver ständigt leva i den helige Andes kraft; vi är kallade att predika evangeliet för de fattiga, att förmedla läkedom till dem som har brustna hjärtan, predika frihet för de fångna och syn för de blinda och befria människor från betryck. Det är uppmuntrande att veta att samma smörjelse som var över Jesus nu är tillgänglig för varje troende (Luk. 4:18-19).
Alla är inte kallade att verka i någon av de femfaldiga tjänstegåvorna. Men vi är alla kallade till att predika evangeliet, med de tecken och under som följer med det. Genom Guds nåd kan vi nu leva ett övernaturligt liv i den helige Andes kraft.

Det finns en speciell smörjelse för varje särskilt uppdrag

"Och han gav några till apostlar, andra till profeter, andra till evangelister och andra till herdar och lärare, för att utrusta de heliga till att fullgöra sin tjänst att bygga upp Kristi kropp" (Ef. 4:11-12).

Vissa troende är kallade till att fungera i en eller fler av de fem tjänstegåvor som nämns i denna text. Jesus fungerade i alla dessa tjänster, och idag är alla dessa i verksamhet genom Kristi kropp. Ingen enskild person är kallad till att fungera i alla dessa tjänster, men Jesus kallar vissa människor att fungera i en, eller i vissa fall flera av dem. Dessa tjänster är gåvor till Kristi kropp. De har fått uppdraget att utrusta och stärka oss att utföra vår tjänst. Det finns förstås en smörjelse som följer med alla dessa tjänster. Den smörjelse som medföljer de fem speciella tjänsterna är inte tillgänglig för alla, utan kommer över dem som har just den kallelsen. Ett gott exempel på detta är när Paulus och Barnabas började fungera som apostlar. Detta efter att den helige Ande talat till dem och avskilt dem för den tjänst de hade kallats till (Apg. 13:1-4).
Ledarna i Antiokia bad och fastade, lade sina händer på dem och sände ut dem. Sedan gick Paulus in i sin speciella kallelse. Med uppdraget följde en smörjelse som utrustade dem till att utföra en apostels tjänst (2 Kor. 12:12). Vi kommer att studera de femfaldiga tjänstegåvorna närmare i ett senare kapitel men här skall vi uppehålla oss vid den smörjelse och utrustning som är given till varje troende.

Som vi har sett så är smörjelsen den helige Andes kraft som kommer över var och en för att göra det möjligt för oss att göra det vi är kallade till. Med varje uppdrag vi får av Gud följer också en smörjelse som gör det

196

möjligt att fullgöra det. Varje troende kan förvänta sig att leva i den helige Andes kraft, vare sig kallelsen gäller affärer, konst, musik eller något annat.

Gud utrustar alltid dem han kallar med den kraft och de gåvor som behövs för att fullgöra kallelsen som givits (2 Kor. 3:4-6). Den helige Ande bor alltid i den troende, medan smörjelsen kommer över var och en som Gud har kallat till en viss tjänst. Den helige Ande är alltid densamme, men smörjelsen kan verka på olika sätt, beroende på kallelsen. Återigen ser vi hur smörjelsen och nåden samverkar. Genom att ta emot en fräsch smörjelse så blir vi också delaktiga av Guds nåd i all dess fullhet.

Att odla en andefylld livsstil

Om vi vill förbli fyllda av den helige Ande så måste vi låta umgänget med honom bli vår högsta prioritet. Jag har märkt att om jag dagligen tar mig tid att vänta på Gud och vila i hans närvaro så förblir smörjelsen levande och stark i mitt liv. Därför har jag bestämt mig för att alltid starta min dag med bibelläsning och bön. Jag tar också en bönepromenad varje dag, under det att jag ber i tungor. Att verka i min tjänst och flöda i Andens gåvor har blivit en frukt av min relation med den helige Ande. Det är helt underbart att vara i tjänst och se människor bli helade och befriade, men vår största glädje och längtan är alltid att leva i en intim gemenskap med den helige Ande. Detta håller oss fräscha och gör det möjligt för oss att leva i Andens kraft varje dag.

KAPITEL 16: DEN HELIGE ANDES GÅVOR

Den helige Ande delar ut andliga gåvor till varje troende efter sin vilja. Som troende bör det vara vår högsta önskan att se dessa gåvor verka genom våra liv (1 Kor. 14:1). Detta innebär att vi behöver lära känna den helige Andes vägar och tillägna oss en livsstil där vi gör oss tillgängliga för honom. På det sättet kommer vi att kunna samarbeta med honom, vilken gåva den helige Ande än vill använda oss i. Då kommer också många andra bli välsignade genom oss. Detta är ett av de sätt som Guds nåd flödar genom oss. Vi brukar kalla den helige Andes gåvor för nådegåvor. Det uttrycket gillar jag eftersom det visar på att den helige Ande förlöser Guds nåd genom våra liv. Andens gåvor kan antingen tas emot direkt genom den helige Ande eller förmedlas genom handpåläggning (2 Tim. 1:6).

Vad betyder andliga gåvor?

"Men hos var och en visar sig Anden så att det blir till nytta. Den ene får av Anden ord av vishet, den andre får ord av kunskap genom samme Ande. En får tro genom samme Ande, en får gåvor att bota sjuka genom samme Ande, en annan att göra kraftgärningar. En får gåvan att profetera, en annan att skilja mellan andar. En får gåvan att tala olika slags tungomål, en annan att uttyda tungomål. Men i allt detta verkar en och samme Ande, som fördelar sina gåvor åt var och en som han vill" (1 Kor. 12:7-11).

När vi nu ägnar oss åt ämnet andliga gåvor, så kan vi klart se att Gud vill att alla troende ska fungera i dessa gåvor, med syfte att uppbygga Kristi kropp. Den helige Ande delar ut dessa gåvor som han vill. Andliga gåvor är inte detsamma som naturliga talanger, och du kan inte äga dessa gåvor på grund av ditt eget val. Andens gåvor är den helige Andes övernaturliga uttryck. Det ord som översätts med *visar sig* på svenska, är det grekiska ordet *phanerosis*. Detta ord återfinns endast två gånger i Nya testamentet och det betyder uppvisa, uttrycka och skänka. I 1 Kor. kap. 12 undervisar Paulus om att Andens gåvor är ett uttryck för den helige Ande själv.

Den helige Ande uppenbarar sin kärlek för oss, och han framträder genom att skänka oss den kraft vi behöver för att hjälpa människor med olika behov. Andliga gåvor är de verktyg som den helige Ande ger till oss så att vi kan förmedla Guds kraft för varje specifikt behov. De är vapen som givits till oss för att vi ska kunna kämpa trons goda kamp (1 Tim. 1:18). Vi kan också säga att den helige Andes gåvor är himlens kärleksspråk eftersom de är uttrycket för Guds kärlek till världen. Den helige Andes gåvor delas vanligtvis in i tre kategorier, baserat på hur de verkar. Dessa kategorier är:

1. **Uppenbarelsegåvorna.** Detta är de gåvor som *uppenbarar* något för oss.

Gåvan att tala kunskapens ord är en övernaturlig uppenbarelse, som ges genom den helige Ande gällande något vi inte har naturlig kunskap om. Det kan handla om människor, platser, eller händelser, både i det förflutna eller i nutid, som Gud ger uppenbarelse om för att hjälpa oss, när vi betjänar människor. Denna gåva är till stor hjälp när vi betjänar människor som kommer till oss för själavård och helande. Kunskapens ord hjälper oss att hitta roten till problemet mycket lättare, så att vi kan förmedla helande och frihet till de behövande. Jesus flödade i denna gåva när han pratade med den samaritiska kvinnan vid brunnen. Han tog då emot uppenbarelse som gällde hennes liv. Det ledde till att hon både kom till tro på Jesus och att hon blev upprättad och fri i sitt inre (Joh. 4:7-26). Ett annat exempel på kunskapens ord i funktion var när Petrus genom en uppenbarelse avslöjade Ananias och Safiras hyckleri (Apg. 5:1-4).

Gåvan att tala visdomens ord är en övernaturlig uppenbarelse genom den helige Ande som handlar om Guds planer och strategier inför framtiden. Denna gåva är en stor hjälp när vi jobbar med mission, eller när vi står inför utmanande situationer och när vi planerar för nya steg i visionen. Den ger oss insyn i Guds planer och syften för vår framtid. Vi behöver inte vara de bästa strategerna eller de mest skärpta administratörerna för att bygga som Gud vill. Vi har tillgång till Guds visdom genom denna gåva. Noa tog emot ett visdomens ord när Gud gav honom uppdraget att bygga arken (1 Mos. 6:13-18). Josef tog emot ett visdomens ord när han uttydde faraos dröm (1 Mos. 41:15-36).

Gåvan att skilja mellan andar ger övernaturlig uppenbarelse gällande den andliga världen. Den gör att vi kan urskilja andligt inflytande och se vad som pågår i den andliga sfären, såväl i änglavärlden som i den demoniska världen. Den hjälper oss också att urskilja människors motiv och drivkrafter. Denna gåva har inget att göra med felfinnande eller kritik, utan den ger oss förmåga att urskilja de andliga krafter som verkar under ytan. Det var när Paulus fungerade i denna gåva som han kunde avslöja och kasta ut en spådomsande från en slavflicka, som följde efter honom i Makedonien (Apg. 16:16-18). Ett tydligt exempel på gåvan att skilja mellan andar i funktion var när Elisa såg de änglaskaror som beskyddade Israel (2 Kung. 6:15-17).

2. **Kraftgåvorna.** Detta är gåvor som *utför* något.

Trons gåva är en extraordinär tro som den helige Ande ger som en övernaturlig manifestation till oss när han vill. Denna gåva utrustar den troende med Guds egen tro så att vi kan ta emot ett mirakel eller ett andligt genombrott som ligger bortom vår egen trosnivå. Ibland ställs vi inför situationer som är så utmanande att vår egen tro inte räcker till. Då delar Gud sin tro med oss så att vi kan ta emot det mirakel vi just då behöver för att se ett genombrott. Jesus använde sig av denna gåva när han stillade stormen (Mark. 4:35-41). Daniel fungerade i trons gåva när han överlevde en natt i lejongropen och Gud stängde igen lejonens gap (Dan. 6:10-28).

Gåvan att göra kraftgärningar förlöser mirakulösa händelser genom att den helige Ande ingriper på ett övernaturligt sätt. Med andra ord griper Gud in och upphäver tillfälligt vissa av naturens och skapelsens lagar för att utföra ett mirakel. Ibland finns det behov av större kraftgärningar, som är starkare än ett annat mindre mirakel. Denna gåva förmedlar frimodighet och styrka till oss för att förlösa ett sådant mirakel. Det var genom denna gåva som Gud kunde använda Mose till att förlösa de tio plågor som drabbade Egypten, vilket ledde till att Israels folk blev befriat från slaveriet (2 Mos. kapitel 8-12). Jesus använde sig av gåvan när han förvandlade vatten till vin (Joh. 2:7-11), och när han mättade tusentals människor (Joh. 6:5-14).

Helandets gåvor manifesteras genom att den helige Ande verkar till helande för dem som är sjuka till kroppen och nedbrutna i själen. Detta är den enda gåva som uttrycks i plural, eftersom den kan verka på många olika sätt. Denna gåva hör nära ihop med det vi kallar helandesmörjelsen, eftersom den vanligtvis förlöser en massa olika helandeunder på samma gång. Jesus flödade i helandets gåva när alla som kom till honom blev helade (Matt. 8:16-17). Petrus fungerade också i gåvan att bota sjuka när människor blev helade, genom att hans skugga kom över dem (Apg. 5:15-16).

3. **Talgåvorna.** Detta är gåvor som *säger* något.

Profetians gåva är ett övernaturligt tilltal från Gud som genom den helige Ande ges till den troende. När denna gåva verkar talar vi ut det budskap Gud ger oss. Detta kan ske genom ett direkt tilltal eller genom att man predikar och undervisar profetiskt. Evangelisten Filippus hade fyra döttrar som hade utrustats med denna gåva (Apg. 21:8-9). Detta är också en gåva som vi alla uppmuntras att söka, eftersom den används till att uppbygga Kristi kropp (1 Kor. 14:1-4; 31).

Gåvan att tala olika slags tungomål är tillgänglig för varje troende genom Andens uppfyllelse (Mark. 16:17), och varje troende har möjlighet att använda denna gåva i sin tillbedjan. Tungotalet är vårt speciella bönespråk när vi talar hemligheter med Gud och bygger upp vår inre människa (1 Kor. 14:2, Judas v. 20). Tungotalet är också en viktig del av vår förbönstjänst. Genom att be i anden, får vi vara med och förlösa Guds vilja här på jorden, när den helige Ande ber igenom oss (Rom. 8:26-27). I offentliga sammanhang kan någon ibland frambära ett profetiskt budskap i tungor. Då är det viktigt att detta budskap också tolkas (1 Kor. 14:5).

Gåvan att uttyda tungomål är en övernaturlig gåva, given av den helige Ande att vid behov uttyda ditt eget personliga bönespråk. Denna gåva är till stor hjälp när det handlar om att lära sig lyssna in Gud. Faktum är att var genom att uttyda mitt tungotal som jag kom in i en profetisk smörjelse. Gåvan att uttyda tungomål används också till att i offentliga sammanhang tolka ett budskap som bärs fram genom tungotal.

Skillnaden mellan naturliga och andliga gåvor

"Jag tackar dig för att jag är så underbart skapad. Underbara är dina verk, min själ vet det så väl" (Ps. 139:14).

Vi har skapats av Gud och är hans mästerverk, vilket inkluderar vår personlighet och de gåvor och talanger som vi har fått (Ef. 2:10). Naturliga gåvor är våra medfödda talanger och begåvningar. Vissa människor har stor begåvning för att kommunicera och en naturlig talang för att tala offentligt. Andra är skickliga på att administrera och organisera, medan andra är duktiga på logistik och andra praktiska lösningar. Detta är en del av vilka vi är, våra naturliga gåvor och talanger. När vi blir frälsta och växer i kristuslikhet så renas och stärks dessa naturliga gåvor att tjäna det syfte som Gud hade i åtanke när han gav oss dessa gåvor. Den helige Ande verkar genom våra naturliga talanger så vi kan använda dem för tjänst i Guds rike.

Men Andens gåvor är inte samma sak som våra naturliga talanger. Dessa gåvor är yttringar av den helige Ande genom den troende och Gud ger dessa gåvor efter sin egen vilja. Vi föds inte med andliga gåvor, men när vi är fyllda med den helige Ande så kommer en eller flera av dessa gåvor verka genom oss. Detta är anledningen till att Bibeln uppmuntrar oss att längta och vara ivriga efter de andliga nådegåvorna.

Sök ivrigt efter de andliga gåvorna

Det faktum att den helige Ande fördelar sina gåvor efter sin egen vilja, innebär inte att vi ska sitta passiva eller bara vara allmänt öppna för att använda dem, om nu Gud någon gång skulle vilja ge oss dessa gåvor. Detta är att missförstå hur den helige Andes gåvor fungerar. Det var på grund av missförstånd i den vägen som Paulus sa: *"När det gäller de andliga gåvorna, bröder, vill jag inte att ni ska vara okunniga"* (1 Kor. 12:1). Allt vi har tagit emot från Gud aktiveras av att vi gensvarar i tro. Han har utvalt oss från början, men vi har frihet att gensvara till kallelsen eller att nonchalera den. Detta är också den princip som gäller för Andens gåvor. *"Sträva efter kärleken, men var också ivriga att få de andliga gåvorna, framför allt profetians gåva"* (1 Kor. 14:1). Bibeln uppmuntrar oss att vara ivriga att få del av Andens gåvor. Vi ska be om dem i tro och förväntan, och innerligt söka Gud för att få del av dem. Att göra plats för Guds kraft i våra liv är en del av att vandra i en kristuslik karaktär. De tillfällen då vi behöver de andliga gåvorna som mest, brukar infinna sig när vi går ut i tro för att betjäna människor. Jesus gjorde detta hela tiden och därför är det viktigt för oss att sträva efter kärlek och vara ivriga att få del av de andliga gåvorna. Kärlek är motivationen och de andliga gåvorna är en manifestation av Guds rike.

När vi tror och ber om att Andens gåvor ska verka genom oss, så gör vi oss själva tillgängliga för den helige Ande. *"Om nu ni som är onda förstår att ge goda gåvor till era barn, hur mycket mer ska då inte er Far i himlen ge den helige Ande åt dem som ber honom?"* (Luk. 11:13). Den helige Ande är mycket mer angelägen om att betjäna människor än vi är, och när vi ger honom utrymme i våra liv så verkar han genom oss. Vår himmelske Far älskar människor oerhört mycket mer än vi kan, och han söker alltid efter människor som är tillgängliga för honom att välsigna andra. Om vi vågar be om Andens gåvor, och fortsätter att sträcka oss efter dem genom att ta steg i tro, kommer Andens gåvor att verka mer och mer genom oss.

En livsstil som ger utrymme för Andens gåvor

Vi äger inte de andliga gåvorna, och vi bestämmer inte själva över när de ska verka genom oss, men vi kan vara mer eller mindre överlåtna till den helige Ande. Han är en gentleman, som aldrig kommer att tvinga oss att ge honom utrymme. Därför måste vi bestämma oss för att öppna våra hjärtan och hänge oss åt honom. Den helige Ande bor i alla troende (Joh. 14:15-17), men alla troende är inte uppfyllda av den helige Ande. Vi är kallade till att ha en livsstil av att ställa oss till förfogande för att ständigt fyllas av Guds närvaro (Ef. 5:18-19). Detta innebär ett liv i bön och gemenskap med den helige Ande, då vi lär oss att stilla vår själ inför honom, så att vi kan förbli och leva i hans närvaro. Denna attityd förbereder oss att låta de andliga gåvorna verka genom oss och det är också vägen till att förbli fylld av hans närvaro.

Ända sedan jag blev frälst har jag burit på en stor längtan efter att få bli använd på ett starkare sätt i Andens gåvor. Jag har sökt de andliga gåvorna under bön och fasta, läst otaliga böcker om livet i den helige Ande, och deltagit i hundratals konferenser för att få tag på mer av Gud. Denna längtan har bara vuxit sig starkare med åren, och även om jag vill få tag på ännu mer, kan jag se att Gud har hedrat de steg jag har tagit genom att förlösa Andens gåvor genom min tjänst. Jag kommer nu att dela några praktiska steg vi kan ta för att utveckla en livsstil som öppnar för Andens gåvor.

Den helige Ande förhärligar Jesus

"Han ska förhärliga mig, för han ska ta av det som är mitt och förkunna för er" (Joh. 16:14). När våra liv fokuseras på Jesus, så verkar den helige Ande, eftersom hela hans tjänst går ut på att ära Jesus Kristus och hela tiden peka på honom. När vi vittnar om Jesus och predikar evangeliet, kan vi alltid räkna med att den helige Ande verkar med oss och uppenbararar Jesus genom de andliga gåvorna (Joh. 16:8-11; Mark. 16:20).

Under några års tid ledde evangelisationsarbetet i församlingen Arken. Jag tillhörde i den församlingen när jag bodde i Kungsängen, strax norr om Stockholm. Som jag nämnde tidigare flyttade jag dit för att gå deras bibelskola. Några av de absolut starkaste och mest gripande vittnesbörd jag bär på, i fråga om att fungera i Andens gåvor, kommer från de tillfällen då vi vittnade ute på gatorna. Vi såg många människor bli frälsta genom ett kunskapens ord, och genom att helandets gåvor var i funktion när vi vittnade om Jesus, men också genom att vi flödade i profetisk smörjelse och andra andliga gåvor. Detta hände därför att den helige Ande älskar att förhärliga Jesus Kristus. Om vi strävar efter andliga gåvor, behöver vi vara ett folk som är fokuserade på Jesus Kristus, eftersom *"Jesu vittnesbörd är profetians ande"* (Upp. 19:10).

Tungotalet är en nyckel

Det har ofta lyfts fram att tungotalet är dörren till alla andra andliga gåvor. Jag tror att det ligger en hel del sanning i det påståendet. Tungotalet är en underbar gåva från Gud, som välsignar oss på många sätt. Det bygger upp oss på vår mest heliga tro (Jud. 1:20), för när vi talar tungomål talar vi hemligheter i anden, i en direkt, intim kommunikation med Gud (1 Kor. 14:2).

Anledningen till att vi kallar tungotalet dörren till de andra andliga gåvorna är att när vi ber i tungor så kommunicerar vi direkt med Gud. Då kan vårt sinne vila och vi kan koncentrera oss på att vara i Guds närhet. Det gör oss tillgängliga så att Herren kan tala till oss och leda oss. Detta är nödvändigt om vi vill fungera i att använda de andliga nådegåvorna. Vi måste alltid komma ihåg att den helige Ande är en person och att vi är kallade in i en intim relation med honom. Genom att tala i tungor så utvecklar vi den gemenskapen och blir stärkta i vår ande.

När vi lever så är det lätt för den helige Ande att få vår uppmärksamhet. Det hjälper oss också att fungera i de andliga gåvorna. Jag har gjort det till en vana att be i anden på detta sätt under längre tid varje dag. Efter det att jag blev fylld med den helige Ande bestämde jag mig för att be i tungor minst en halvtimme varje dag. Det blev grunden för mitt böneliv och det är utifrån denna vana min relation med Gud har vuxit fram.

Att förbli fylld av Ordet och Anden

Guds Ord uppenbarar vem Fadern är, vad som är hans vilja och hur Guds rike fungerar. Därför måste Ordet alltid vara grunden vi står på. Den helige Ande kommer alltid tala till oss och vägleda oss i enlighet med Guds Ord. Om vi vill leva andefyllda liv så måste vi också vara fyllda med Guds Ord. Guds Ord är levande och verksamt, det dömer hjärtats uppsåt och tankar och skiljer själ och ande åt så att vi kan urskilja vad som är Guds vilja (Hebr. 4:12-13). När vi studerar Ordet för att bestå provet inför Gud får vi insikt i hur vi rätt kan dela sanningens ord (2 Tim. 2:15). Det ger oss en bra grund som gör det lättare för oss att ledas av den helige Ande och att använda Andens gåvor. Vi måste ha en fast förankring i Guds Ord i våra liv så att den helige Ande har något att bygga på. Genom att studera Guds Ord lär vi känna den helige Ande, och i Ordet hittar får vi tag på den oumbärliga kunskapen om hur andliga gåvor är tänkta att brukas.

Att kliva ut i tro

"Utan tro är det omöjligt att behaga Gud, för den som kommer till Gud måste tro att han finns och att han lönar dem som söker honom" (Hebr. 11:6). Att sträva efter de andliga gåvorna genom att helhjärtat söka Gud kommer alltid att löna sig. Vår himmelske Far är en generös Gud som älskar att ge goda gåvor till sina barn. Som vi redan sett så är bön om Andens gåvor en del av att vara ivriga efter dessa. Men det finns också en annan sida av att ivrigt söka efter Andens gåvor, nämligen att ta ett steg i tro. Om du till exempel längtar efter att bli brukad i helandets gåvor, börja då att be för sjuka.

När Gud talade till mig om att han ville ge mig profetiska drömmar, så la jag en anteckningsbok bredvid min säng som ett steg i tro. Sedan dess har jag sett en betydande ökning av profetiska drömmar och visioner i mitt liv. Om vi tar små steg som detta, ger vi Gud någonting att arbeta med i våra liv, och Gud lönar alltid dem som helhjärtat söker honom.

Till församlingens uppbyggelse

"Så är det också med er. Eftersom ni är ivriga att få Andens gåvor, sök då sådana som bygger upp församlingen så att ni har dem i överflöd" (1 Kor. 14:12).

Det är viktigt att känna till varför den helige Andes nådegåvor blev givna. De gavs inte för vår skull, utan för att bygga upp församlingen. Vi har redan sett att vi uppmanas till att ivra efter de andliga gåvorna, och helhjärtat söka dem. Men det är viktigt att vi är på det klara med vad som är motivet för oss att göra detta. Gåvorna är till för att välsigna och bygga upp Kristi kropp. Att betjäna i den helige Andes gåvor handlar om att stärka och uppbygga de troende, och till att nå människor med evangeliet.

Därför ger Gud oss favör med andra människor, och välsignar oss med inflytande och tillfällen att betjäna. Han vill att vi skall kunna betjäna så många människor som möjligt. Den helige Ande vill alltid förhärliga Kristus. Hans fokus och tjänst handlar alltid om att göra Jesus synlig, och det är viktigt att vi förstår detta. Vi är också kallade att bygga upp Kristi kropp genom att lyfta och uppmuntra de människor vi betjänar. Vi lever i en kultur som är extremt individualistisk, och just därför behöver vi tänka på att vi har ett ansvar för hur vi använder nådegåvorna. Meningen är att när vi betjänar människor på allra bästa sätt, så ska detta vara ett uttryck för vår kärlek till Gud.

Vilka är de viktigare gåvorna?

"Jag vill gärna att ni alla talar tungomål, men ännu hellre att ni profeterar. Den som profeterar är viktigare än den som talar tungomål, ifall han inte uttyder sitt tal så att församlingen blir uppbyggd" (1 Kor. 14:5).

Det verkar som att de viktigare gåvorna är dessa som bygger upp församlingen och de människor vi vill betjäna. Jag tror inte att profetia alltid är viktigare än tungotal. Men i en gudstjänst, som beskrivs i denna text, är profetia viktigare, eftersom den gåvan bygger upp församlingen och förmedlar nåd till dem som lyssnar.

Detta bekräftar vad vi redan konstaterat, nämligen att vi alltid bör sträva efter att utvecklas i de andliga gåvorna på ett sätt som bygger upp församlingen (1 Kor. 12:7; 14:26). Om någon är sjuk så är helandets gåva den främsta. Om behovet i stället gäller att få tag på Guds strategi för framtida utmaningar, så skulle visdomens ord passa bäst. Detta är anledningen till att Andens gåvor har givits till var och en av oss efter Andens vilja. Tack vare det kan vi tjäna människor på bästa möjliga sätt, genom att uppenbara Faderns hjärta och Kristi kärlek.

Andens gåvor fungerar bäst när vi har samma villighet att betjäna människor som Jesus hade. *"Om någon vill vara den förste, så ska han vara den siste av alla och allas tjänare"* (Mark. 9:35). Det är en sådan glädje, förmån och ära att betjäna Kristi kropp genom att verka i den helige Andes gåvor. Genom gåvorna flödar Guds nåds förvandlande kraft till våra bröder och systrar i Kristus.

KAPITEL 17:
TJÄNSTEGÅVORNA

Som vi redan har konstaterat så verkar Guds nåd både i vår personliga relation till honom, och genom Kristi kropp. Ett av de sätt som Guds nåd blir synlig i Kristi kropp är genom tjänstegåvorna. Dessa gåvor kommer till oss i form av människor som Gud har gett i uppdrag att rusta Kristi kropp för tjänst i Guds rike, och när de fungerar som Gud har tänkt, är de till stor välsignelse.

Han gav människorna gåvor

"Därför heter det: Han steg upp i höjden, han tog fångar och gav människorna gåvor" (Ef. 4:8).

Gud vill att Kristi kropp ska växa upp och bli allt som han kallat oss till. För att nå fram till det målet har Gud försett oss med tjänstegåvor. Dessa gåvor är en del av det arv som Gud i sin nåd försett oss med. Det ord som översätts med gåva är det grekiska ordet *doma*. Detta ord beskriver den typ av gåva som ges för att försörja barns behov, och att tillhandahålla den nödvändiga utrustning som behövs för att fullgöra ett uppdrag. Den slutsats vi kan dra av detta är att tjänstegåvorna har getts till Kristi kropp för att möta våra behov. Dessa gåvor syftar till att lemmarna i kroppen ska växa i sitt liv med Gud, och till att var och en skall bli skickliggjord så att vi kan fullfölja våra uppgifter och kallelser i Guds rike.

Dessa tjänster är gåvor till församlingen och som givits uppdraget, förmågan och fått smörjelse till att utrusta de heliga för tjänst. Om vi vill bli allt som Gud kallat oss till så är det viktigt för oss att förstå både hur dessa tjänster fungerar, och hur man kan få del av dem. Var och en som tjänar i en av dessa fem gåvor har tilldelats uppdraget att förmedla nåd till Kristi kropp, genom att undervisa och betjäna på ett sätt som bygger upp Guds församling.

De femfaldiga tjänstegåvornas uppgift

"Och han gav några till apostlar, andra till profeter, andra till evangelister och andra till herdar och lärare, för att utrusta de heliga till att fullgöra sin tjänst att bygga upp Kristi kropp tills vi alla når fram till enheten i tron och i kunskapen om Guds Son, som fullvuxna, med ett mått av mognad som motsvarar Kristi fullhet" (Ef. 4:11- 13).

Gud vill att Jesu Kristi kropp ska växa till och nå fram till enheten i tron, och för att nå detta mål gav han de femfaldiga tjänstegåvorna till oss. När Gud kallar någon till en av dessa tjänster, så utrustar han med allt som krävs för att utföra den uppgiften. Med andra ord, så ger Gud alltid nåd till att utföra kallelsen han ger, och i det ingår både smörjelse och alla nödvändiga andliga gåvor (1 Kor. 12:7-11). Vi kan inte själva bestämma oss för att bli en tjänstegåva. Gud är den som kallar människor till att tjäna i någon av dessa fem olika tjänster.

Skillnaden mellan tjänstegåvorna och den helige Andes gåvor är att nådegåvorna är den helige Andes gåvor, där Anden själv framträder för att möta ett behov. Tjänstegåvorna är människor som Jesus har utrustat och rest upp för att betjäna Kristi kropp. Med andra ord är de människor som är kallade att fungera i de olika tjänsterna, gåvor som Jesus själv ger till sin församling. Dessa tjänster givna till församlingen för att bygga upp Kristi kropp och hjälpa de heliga att

212

växa till. Eftersom vi fortfarande inte har mognat in i Kristi fullhet än, så är alla dessa fem tjänstegåvorna verksamma ännu idag. Jag har själv sett vilken skillnad det har gjort i mitt liv när jag har blivit betjänad och tränad under mogna tjänstegåvor.

Jag har redan nämnt vilken stor betydelse det hade för mig att gå bibelskola. Där fick jag möta och ta emot från alla de fem tjänstegåvorna, vilket var oerhört berikande för mig. Det hjälpte mig att förstå hur de olika tjänsterna fungerar. När jag sedan flyttade upp till norra Sverige, kom jag i kontakt med Team i Norr, ett apostoliskt arbete som under många år jobbat med mission, ledarträning och församlingsplantering. Igenom den relationen blev jag utmanad att tänka större och till att våga ta nya steg i min tjänst. Jan Zetterlund som har grundat Team i Norr och är pastor i församlingen Betel i Rosvik, bär ett apostoliskt mandat och han blev en mentor för mig. Faktum är att i skrivande stund, så jobbar vi fortfarande tillsammans och vår tjänst har blivit en del av Team i Norrs arbete. Vi är även medlemmar i Betel, församlingen i Rosvik.

Dessa ovan nämnda exempel har varit avgörande för min egen andliga utveckling och tillväxt. När vi ber Gud om att få växa och komma vidare, så kommer ofta bönesvaret till oss i form av människor som bär på den tjänst och smörjelse vi behöver för att växa. Därför är det viktigt att vi lär oss att ta emot de människor Gud kallar till att utrusta och träna oss.

Jesus verkade i alla fem tjänstegåvor

Jesus Kristus är alltid vårt viktigaste och främsta exempel när vi talar om andliga tjänster i det Nya förbundet. Han är både den perfekta avbilden av

213

Fadern och också det fullkomliga exemplet på hur vårt tjänande borde se ut. Jesus var verksam i alla fem tjänstegåvorna. Jesus verkade som *apostel* (Hebr. 3:1). Apostel betyder "utsänd", och Jesus var sänd av Fadern för att predika Guds rike och att försona oss med Gud (Joh. 3:16). Jesus kallade också sig själv *profet* (Matt. 13:57). Han fungerade som *evangelist* när han predikade de goda nyheterna om frälsning och nådde de förlorade (Luk. 19:10). Jesus kallade också sig själv den gode herden, så han var självklart också *herde* (Joh. 10:11-16; 1 Petr. 2:25). En av de viktigaste aspekterna av hans tjänst var hans undervisning. Helt klart var han därför också *lärare* (Matt. 9:35). Att Jesus verkade i alla fem tjänstegåvor innebär att han, genom att ge dessa gåvor till sin kropp, fortsätter sin tjänst idag genom dem som han har kallat att verka i dessa tjänster. Detta är ett av uttrycken för Guds nåd, för genom nåd har Kristus själv blivit Guds gåva till oss.

Att ta emot de gåvor Gud har givit

De femfaldiga tjänstegåvorna är en underbar gåva till Kristi kropp och vi har förmånen att ta emot hela fullheten av denna gåva. *"Därför heter det: Han steg upp i höjden, han tog fångar och gav människorna gåvor"* (Ef. 4:8). Gud har gett dessa människor som gåvor till oss, men det är vårt ansvar att ta del av dem. Att vara ödmjuk nog att ta emot från Gud genom andra, leder till andlig tillväxt (1 Petr. 5:6-7). Ödmjukhet leder till genombrott och ett sätt att ödmjuka sig är att ta emot de tjänare Herren sänder till oss. Gud ger de ödmjuka nåd och vi tar emot denna nåd genom att låta oss undervisas, tränas och utrustas genom människor som tjänar Herren i de fem olika tjänstegåvorna. Det är viktigt för oss att förstå att Guds nåd förmedlas genom Kristi kropp. Ett sätt att förvandlas genom Guds nåd är att ta emot de tjänster som Gud har gett uppgiften att betjäna oss. Ingen kan nå sin fulla potential i Kristus och fullgöra sin gudagivna uppgift ensam.

Vi behöver vara kopplade till Kristi Kropp och låta oss tränas av de människor som är kallade att hjälpa oss ta nödvändiga steg för att komma dit Gud vill att vi ska vara.

Tjänstegåvornas funktion och smörjelse

Om vi vill berikas av den nåd som de femfaldiga tjänstegåvorna ger, så behöver vi lära oss hur de fungerar och vad de är smorda till att uträtta.

Jag vill nu ge en kort definition av var och en av dessa tjänstegåvor. De olika tjänstegåvorna kan uttryckas och fungera på en mängd olika sätt. Detta beroende på mognad, personlig kallelse, personlighet och gåvor hos varje enskild Herrens tjänare.

Det är också viktigt att komma ihåg att det inte är något märkvärdigt eller exklusivt med tjänstegåvorna. De är helt enkelt funktioner som Gud har anförtrott åt sitt folk, och som syftar till att uppbygga Kristi kropp. Att bli använd i en viss tjänst betyder inte att den personen har en högre ställning inför Gud eller ska upphöjas över Kristi kropp i övrigt. Men det innebär att de har en kallelse att betjäna Kristi kropp genom att utrusta de heliga.

Kristi kropp bör ta emot tjänstegåvorna på ett sätt som ger dem möjlighet att fullfölja sin kallelse. Detta är det allra bästa sättet att hedra dem. Mer finns såklart att säga om tjänstegåvornas funktion och egenskaper, men följande definitioner kommer förhoppningsvis ge en bra bild av hur de femfaldiga tjänstegåvorna fungerar.

Aposteln

Ordet apostel kommer från det grekiska ordet *apostolos,* vilket betyder "utsänd". Aposteln är en pionjärtjänst som grundar nya församlingar och bryter ny mark för Guds rike. Till viss del måste apostelns tjänst fungera i en smörjelse som tangerar alla övriga tjänstegåvor. Detta är nödvändigt eftersom aposteln ofta lägger grunden och startar helt nya arbeten där de övriga tjänstegåvorna inte finns representerade än. Därför är aposteln tjänst nödvändig tills arbetet är etablerat och flera tjänstegåvor har kommit till. Aposteln har också ett mandat att i Kristi kropp väcka inspiration för pionjärsatsningar och skapa visioner som leder till detta. När vi betjänas av apostelns tjänst kommer vi få nåd att bli pionjärer för nya satsningar i Guds rike. I Nya testamentet finner vi åtskilliga exempel på människor som verkade som apostlar. Paulus var kanske den mest kända aposteln (Rom. 1:1; 1 Kor. 1:1). De tolv lärjungarna var också apostlar (Luk. 6:12-16), liksom Barnabas (Apg. 14:14). Många andra, som verkade som apostlar, finns uppräknade i Nya Testamentet (Rom. 16:7; Gal. 1:19; 1 Tess. 1:1; 2:6).

Profeten

Profeten får uppenbarelse om Guds vilja, både gällande framtid och förfluten tid, genom gudomlig smörjelse och inspiration. De ger riktning och fokus till Kristi kropp. Profeten fungerar i uppenbarelsegåvorna för att uppenbara Guds planer, syften och hjärta. Profetens tjänst fungerar både genom predikan, undervisning och profetiskt tal. Profeterna är också utrustade för att föra Kristi kropp in i intimitet med Gud. De utmanar därför till ett liv i renhet och prövar att lemmarna i kroppen har rätt motiv. När vi tar emot

216

profetens tjänst kommer vi att ta emot nåd att bli ett profetiskt folk, och växa i intimitet med Gud. I Nya testamentet finner vi några tydliga exempel på den profetiska tjänsten. Agabus, som kom till Antiokia tillsammans med en grupp andra profeter, är ett sådant exempel (Apg. 11:27-28; 21:10-11), liksom de som tjänade som profeter och lärare i Antiokia (Apg. 13:1-3). Judas och Silas bör också nämnas (Apg. 15:32). Vi kan också lära oss mycket om den profetiska tjänsten genom att studera Gamla testamentets profeter. Men för att på bästa möjliga sätt lära av de gammaltestamentliga profeterna, så måste vi läsa om deras gärning i ljuset av Nya testamentet. Det är inom det nya förbundet som den profetiska tjänsten verkar idag.

Evangelisten

Evangelisten är smord till att predika evangeliet om Jesus Kristus och förkunna de goda nyheterna. Evangelisterna är skördetröskor som bärgar in den skörd av själar som Gud har förberett. De utrustar också Kristi kropp för evangelisation. De har en stark kallelse att nå de förlorade och deras tjänst åtföljs av starka helanden och mirakel. Filippus är den enda personen i Nya testamentet som betecknas som evangelist (Apg. 21:8). Detta är vad som hände när han predikade: *"De lyssnade alla noga till det som Filippus förkunnade när de hörde och såg de tecken han gjorde: från många som hade orena andar for dessa ut med höga rop, och många lama och halta blev botade. Och det blev stor glädje i den staden"* (Apg. 8:6-8). Dessa bibelverser ger oss en god bild av hur evangelisttjänsten fungerar. Deras predikan åtföljs av tecken och under och när de proklamerar evangeliet bärgas skörden in.

Herden

Herden älskar sin församling och det folk han kallats att tjäna. Herdarna ger andlig föda, beskyddar, och har stor omsorg om de människor han eller hon är kallad att tjäna. Herdens tjänst är den enda av tjänstegåvorna som är stationär, och är den som betjänar och har omsorg om den lokala församlingen. Herdar reser vanligtvis inte så mycket, eftersom deras överlåtelse och passion är att ta hand om den lokala församlingen. De får hantera många av de utmaningar som finns i den lokala församlingen. Därför behöver herden vara fylld av övernaturlig kärlek, uthållighet och trohet från Gud. Herden utrustar också lemmarna i Kristi kropp att ta hand om varandra, så att gemenskapen kan stärkas. Herdetjänsten bygger på detta sätt upp sunda och starka församlingar. Det finns inget bättre exempel på en herde än vår Herre Jesus Kristus (Joh. 10:11; 1 Petr. 2:25; 5:4; Ps. 23). Han är den gode Herden och alla andra herdar i de lokala församlingarna är kallade att representera Jesu hjärta. Jesus visade med hela sitt liv hur en sann herde fungerar. Jakob, som var bror till Jesus, är ett annat bibliskt exempel. Han fungerade som pastor i församlingen i Jerusalem (Apg. 15:13-21; 21:17-18; Gal. 1:18- 19). Som resande förkunnare har min uppskattning och kärlek till alla de ödmjuka, trofasta herdar, jag lärt känna genom åren ständigt växt. Herdetjänsten är en oerhört viktig tjänst för att församlingen skall må bra.

Läraren

Lärare har en smörjelse att förmedla uppenbarelse i Guds Ord, på ett sätt som ger de troende insikt i såväl Guds handlande som vad som är sund lära. De har en passion att studera Guds Ord och de har en smörjelse att undervisa på ett enkelt och kreativt sätt, för att förmedla andlig insikt och ljus över Skriften. De utrustar också Kristi kropp att läsa, förstå och även undervisa från Bibeln. Apollos är ett exempel i Nya testamentet på en lärare (Apg. 18:27-28). Även det team av ledare som verkade som profeter och lärare i Antiokia (Apg. 13:1-3). Paulus och Barnabas var en del av detta team, innan de gick in i sin apostoliska tjänst. När man läser Paulus brev kan man inte undgå att se att han hade en stark lärargåva. Att vara lärare är inte detsamma som att vara teolog, även om många lärare också har en teologisk utbildning. Men den andliga tjänst det här är fråga om, är en gåva från himlen; den som verkar i lärarens tjänst är utrustad med en nåd och en smörjelse från Gud att undervisa Guds Ord för Kristi kropp.

Att troget predika och undervisa Ordet

Jag vill här lyfta fram tre egenskaper som är viktiga i all typ av andlig tjänst, men dessa karaktärsdrag är kanske ännu mer viktiga för de människor som har en kallelse som någon av de femfaldiga tjänstegåvorna. Dessa tre egenskaper är att:

- bygga på Guds Ord

- ha ett herdehjärta

- troget tjäna i den kallelse Gud gett

Paulus beskriver sitt uppdrag med dessa ord: *"för detta är jag satt till förkunnare och apostel – jag talar sanning och ljuger inte – en hedningarnas lärare i tron och sanningen... Detta är jag satt till att tjäna som förkunnare, apostel och lärare"* (1 Tim. 2:7; 2 Tim. 1:11). Paulus är troligen ett av de bästa exemplen vi kan hitta på en Herrens tjänare som fullföljde sin kallelse på ett föredömligt och kraftfullt sätt. I de citerade verserna beskriver han en av anledningarna till detta.

Var och en som är kallad till någon av dessa tjänster måste försäkra sig om att han eller hon i första hand predikar eller undervisar i Ordet. Varje tjänstegåva har en kallelse att proklamera eller förklara Guds Ord. Andens gåvor och smörjelsen kommer inte alltid att vara närvarande på samma sätt. De kommer att flöda enligt Guds vilja, men Guds Ord verkar alltid (Jes. 55:10-11; Hebr. 4:12-13). Vi behöver bygga allt vi gör på Guds Ord. Det beskyddar oss från att komma in i lagiskhet och längtan efter det spektakulära, vilket en tjänst byggd på andliga gåvor och övernaturliga yttringar lätt kan falla in i. Varje tjänstegåva ska först och främst vara en förkunnare och lärare som bygger på Ordet.

En herdes hjärta

"Jag är den gode herden. Den gode herden ger sitt liv för fåren. Den som är lejd och inte är herden som äger fåren, han överger fåren och flyr när han ser vargen komma, och vargen river dem och skingrar hjorden. Den som är lejd bryr sig inte om fåren" (Joh. 10:11-13).

Alla är inte kallade att fungera i herdens tjänst, men en av de viktigaste bilderna av andligt ledarskap är bilden av herden (se Hes. 34; Ps. 23). Därför är det viktigt att en person som tjänar i någon av de fem tjänstegåvorna har ett herdehjärta för Kristi kropp. Bibeln undervisar inte om att den som har kallelse till någon av dessa tjänstegåvor, måste vara en del av en lokalförsamlings ledarskap. Inte heller står det något om att den personen ska ha en ledarfunktion i det nätverk som personen möjligen tillhör. Men på grund av sin kallelse kommer tjänstegåvan ändå ha ett inflytande i Kristi kropp, och kommer därför också på något sätt fungera som ledare. För att utföra detta på ett sätt som bygger upp Kristi kropp är det viktigt att äga ett herdehjärta. Detta innebär att en som verkar i någon av tjänstegåvorna måste vara beredd att ge upp sina egna agendor, och i stället vara villiga att ge sitt liv för att beskydda och ge föda till Guds folk. När vi blivit medborgare i Guds rike, finns det inget utrymme för att söka efter egna plattformar eller att bygga upp någons personliga imperium. Det är enbart Jesus själv som har rätt att sätta agendan i sitt rike, eftersom han är vår store Överherde.

Gud belönar alltid trohet

"Bra, du gode och trogne tjänare! Du var trogen i det lilla, jag ska sätta dig över mycket" (Matt. 25:21, 23).

En annan anledning till att Paulus var så framgångsrik var att han förblev trogen den kallelse Gud givit honom. Gud belönar alltid trohet. Han imponeras inte över titlar eller antalet följare en viss tjänst har. Han uppmanade dem som lyssnade till honom att inte låta titlar avgöra vilka vi är:

"Men ni ska inte låta er kallas rabbi, för en är er Mästare och ni är alla bröder. Och kalla inte någon på jorden er fader, för en är er Far, han som är i himlen. Låt er inte heller kallas lärare, för en är er lärare, Kristus. Den som är störst bland er ska vara de andras tjänare. Var och en som upphöjer sig ska bli förödmjukad, och var och en som ödmjukar sig ska bli upphöjd" (Matt. 23:8-12).

Anledningen till att Jesus sa detta är att vi är Guds barn, vilket gör oss till bröder och systrar. Det är inte våra funktioner och titlar som gör oss till dem vi är, utan vår identitet i Kristus. Vi kan inte alltid hindra andra att ge oss olika titlar; däremot kan vi bestämma oss för att inte låt detta bli vår identitet.

Det som betyder något för Gud är att vi förblir trogna i det han har kallat oss att göra. Ett världsligt tänkesätt leder till antagandet att synlighet är det samma som framgång. Men Gud ser på saker och ting på ett helt annorlunda sätt (Matt. 6:4; 6; 18). Jesus ser till våra hjärtan, och när vi är trogna i de uppgifter vi har fått från Gud, så kommer han att belöna oss generöst. När vi väl har insett detta kommer vi inte att bli besvikna när vi inte når de resultat vi hade förväntat. Vi kommer inte heller att gå in i en kallelse eller smörjelse som inte är vår.

Vårt jobb är att förbli trogna det som Gud har kallat oss att göra. Det synliga resultatet och frukten av vår tjänst måste vi lämna till Herren. Vi konstaterade tidigare att varje hängiven predikant och lärare i Ordet först och främst förväntas vara en trogen förvaltare av Ordets rikedomar, och på samma sätt behöver också varje tjänstegåva först och främst vara en trogen tjänare. Gud belönar oss inte efter storleken på vår vision, utan efter vår trohet till honom. Det passar därför bra att avsluta detta kapitel med Jesu ord, angående detta ämne:

"Men Jesus kallade dem till sig och sade: 'Ni vet att folkens ledare beter sig som herrar över dem och att stormännen härskar över dem. Men så ska det inte vara bland er. Nej, den som vill vara störst bland er ska vara de andras tjänare, och den som vill vara främst bland er ska vara de andras slav. Så har inte heller Människosonen kommit för att bli betjänad, utan för att tjäna och ge sitt liv till lösen för många'" (Matt. 20:25-28).

SAMMANFATTNING

När jag började skriva denna bok hade jag inte tänkt ha med avsnittet om att förmedla Guds nåd. Mitt fokus var då att skriva om vad vi har i Kristus. Men när jag studerade Guds nåd, insåg jag vikten av att lyfta fram hur Guds nåd kan förmedlas genom Kristi kropp (Ef. 4:29). Eftersom både smörjelsen, Andens gåvor och de femfaldiga tjänstegåvorna är gåvor till Kristi kropp, så är dessa en del av vårt arv som Guds barn. Detta innebär också att vi, för att uppleva Guds nåds förvandlande kraft, behöver leva andefyllda liv. Vi behöver lära oss att fungera i smörjelsen och den helige Andes gåvor. Vi behöver också medvetet ta emot från de tjänstegåvor Gud givit till oss. När vi gör detta, så kommer vi att uppleva mer av nådens förvandlande kraft.

DEL FEM: ATT GENSVARA TILL GUDS NÅD

"Av nåden är ni frälsta genom tron, inte av er själva. Guds gåva är det, inte på grund av gärningar för att ingen ska berömma sig. Hans verk är vi, skapade i Kristus Jesus till goda gärningar som Gud har förberett för att vi ska vandra i dem" (Ef. 2:8- 10).

Vi har nu tittat närmare på många av de av de välsignelser som är våra genom Guds nåd. Jesus har gett oss ett helt nytt liv och en ny identitet. Vi har också sett hur Guds nåd kan förmedlas till oss genom Kristi kropp. Slutligen behöver vi nu också förstå hur vi kan gensvara till Guds nåd i tro. Allt i Guds rike verkar genom principen – av nåd, genom tro. Som vi just läste har Gud förberett goda gärningar för att vi ska vandra i dem. De är förberedda för oss, men vi behöver göra vår del, genom att vandra i dem genom tro.

Varje andlig välsignelse har givits oss av Gud i Kristus (Ef. 1:3), och vi tar emot dem genom nåd. Men idag finns det ett problem i Kristi kropp. Nämligen att troende ibland väljer antingen att betona enbart nåd eller enbart tro, vilket leder dem till att antingen bli passiva eller att hamna i lagiskhet.

Sanningen är att vi behöver båda om vi vill se Guds kraft verka genom våra liv. Det är olyckligt när folk antingen betonar enbart nåden eller enbart tron. Vi blir nämligen obalanserade i vår vandring med Kristus om vi betonar den ena sidan, på bekostnad av den andra. De som enbart betonar nåden har ofta utvecklat en extrem undervisning om Guds suveränitet och tror att Gud kontrollerar allt som händer och sker. En sådan undervisning skapar passiva troende. De som däremot enbart betonar tron blir lätt så fokuserade på den troendes gensvar att deras undervisning blir mycket fokuserad på gärningar. Detta skapar troende som tror att det är upp till oss att få Gud att verka. Men det är inte tron som får Gud att handla. Tron är vårt gensvar till det som Gud redan av nåd har försett oss med.

KAPITEL 18: HUR VI GENSVARAR TILL GUDS NÅD

Mötet med Guds nåd föder alltid en längtan efter ett djupare liv med Gud. Därför kommer det alltid finnas ett gensvar i hjärtat hos den som har fått uppleva Guds nåd på djupet. Bibeln visar på detta gång efter annan, och därför skall vi avsluta den här boken med att fördjupa oss i hur vi kan ge vårt gensvar till Guds nåd.

Vårt gensvar

"Men jag anser inte mitt liv vara värt något för mig själv, bara jag får fullborda mitt lopp och den uppgift jag fått av Herren Jesus: att vittna om Guds nåds evangelium" (Apg. 20:24).

Paulus var så uppslukad av evangeliet att det blev hans livs stora syfte att predika det överallt. Detta syfte var mycket viktigare för honom än hans eget liv. Han kallar också sitt budskap *"Guds nåds evangelium"*.
När vi studerar Paulus liv, så finner vi en man för vilken gensvaret till Guds nåd hade blivit hela syftet med hans liv. Detta är också vår kallelse och i detta kapitel ska vi närmare studera hur vi kan förverkliga den (1 Kor. 11:1).

Bibeln visar oss hur en livsstil formad av att söka Gud, genom att gensvara till hans kärlek, ser ut. Vi ska nu titta närmare på några bibliska vanor som vi kan utveckla för att underlätta en sådan livsstil. Det är inte tänkt att dessa vanor skall uppfattas som lagiska regler. De är i stället ett uttryck för vårt gensvar till Guds nåd. Anledningen till att jag väntat ända tills nu med att skriva om vårt gensvar, är att vi först måste ha en god förståelse och uppenbarelse av Guds nåd. Då kommer vårt gensvar komma som en logisk följd av den uppenbarelsen. En uppenbarelse om nåden ger förutsättning för vårt gensvar i tro. Vi har tagit emot nåd genom Jesus Kristus, men det finns också en fara att ta emot Guds nåd förgäves. Därför är det så viktigt för oss att veta hur vi kan samarbeta med Guds nåd.

Faran av att ta emot Guds nåd förgäves

"Som Guds medarbetare uppmanar vi er också att ta emot Guds nåd så att den blir till nytta" (2 Kor. 6:1).

Den här versen visar att det är möjligt att ta emot Guds nåd utan att den blir till nytta. Det sker när man missuppfattar vad Guds nåd egentligen är, eller när vi inte förstår hur vi responderar till Guds nåd igenom tro. Att förstå hur nåden och tron samverkar har varit helt avgörande för mig. Jag har nämligen i mitt eget liv sett frukten av att betona antingen enbart nåden, eller tron. Det skapar ett obalanserat liv med Gud.

Min erfarenhet av att överbetona nåden eller tron

När jag blev frälst kom jag rakt in i en rörelse som hade en stark betoning på bön, fasta och andlig krigföring. Jag fick mycket värdefull undervisning om detta som jag fortfarande har nytta av. Där lärde jag mig hur man kan använda tungotal i förbön och hur man kan utveckla en god andlig disciplin. Dessa lärdomar har varit till välsignelse i mitt liv med Gud. Problemet var att det fanns nästan ingen betoning alls på Guds nåd. Det gjorde att jag blev väldigt lagisk och fokuserad på min egen prestation. Det slutade med att jag blev andligt utbränd. När jag gift mig och vi hade fått vårt första barn så insåg jag att jag inte längre orkade leva med den press som detta levnadssätt orsakade.

Under den tiden började jag få uppenbarelse om Guds nåd. Men på grund av min tidigare erfarenhet av att försöka leva i tro, utan någon uppenbarelse om nåden, så hamnade jag nu i det motsatta diket. Jag började lyssna till en hel del undervisning om nåd och Guds suveränitet. Det hjälpte mig att hitta vilan i Kristus, men i de sammanhangen fanns det nästan ingen betoning alls på den troendes gensvar. Med tiden gjorde denna undervisning om nåd mig mycket passiv i min relation till Kristus.

Genom att studera Bibeln, den helige Andes ledning, och goda råd från mina ledare, så började jag inse att *både* nåd och tro behövdes för att finna en sund balans. Jag lärde mig att leva i nåd genom tro på ett sätt som gjorde att jag fann vila i Guds nåd, men samtidigt lärde jag mig också gensvara till Gud i tro på ett mycket sundare sätt. Detta blev ett enormt genomslag för mig som verkligen hjälpte mig vandra i de goda gärningar Fadern hade förberett för mig.

Att gensvara i tro

"Men genom Guds nåd är jag vad jag är, och hans nåd mot mig har inte varit förgäves, utan jag har arbetat mer än alla de andra – fast inte jag själv, utan Guds nåd som varit med mig" (1 Kor. 15:10).

Paulus levde sitt liv på detta sätt. Han arbetade hårt, men anledningen till att han kunde göra detta var att Guds nåd verkade i honom. Nåden gav honom kraft att göra allt han var kallad till. Hela hans liv i tjänst för Jesus föddes i ett gensvar till Guds nåd.

Sedan blev huvudsyftet för Paulus liv att vittna om nådens evangelium. Detta är det liv vi som troende är kallade till att leva, och kraften i Guds nåd är anledningen till att vi kan vandra i de goda gärningar som Gud har förberett för oss. Nu vill jag dela några tankar från Bibeln som kommer att hjälpa oss att leva av nåd genom tro. När vi gör det, kommer vi att uppleva att nåden blir den verksamma kraften av gudomligt inflytande, som den är tänkt att vara för oss. Varje andlig välsignelse har redan givits åt oss av vår himmelske Far. När vi hör evangeliet och tar emot i tro, så kommer det som redan förberetts för oss i Kristus att börja bli synligt i våra liv. Detta på grund av att i Guds rike tas allt emot av nåd och genom tro.

Hur gensvarar vi till Guds nåd?

Nu kommer jag att lista några goda vanor som vi finner i Bibeln och som är till hjälp för oss för att vi ska kunna samverka med Guds nåd. Detta är inte en komplett lista över goda bibliska vanor. Men om vi börjar tillämpa dessa så är det en bra startpunkt för oss för att utveckla en livsstil, där vi är tillgängliga och redo att gensvara till vad Gud har planerat för oss för varje dag. Jag var en aning tveksam till om jag skulle ha med denna lista här. Skälet till det är att det är lätt att bli beroende av principer och gärningar i stället för av Kristus. Men jag vet också att många uppskattar att få praktiska råd som visar på hur vi kan gensvara till Guds nåd.

Varje gång vi läser olika uppmaningar i Guds Ord om hur vi ska leva som troende, så är de alltid ett gensvar till Guds nåd, utifrån en förståelse av Jesu Kristi fullbordade verk. Kom ihåg att kristen tro inte är någon religion. Våra liv är tänkta att vara överlåtna till

Gud som har älskat oss först och kallat oss in i gemenskap med Jesus Kristus (1 Kor. 1:4-9). Detta gäller även följande lista:

1)   Stå fast på Ordets grund

"Därför uppmanar jag er, bröder, vid Guds barmhärtighet, att frambära era kroppar som ett levande och heligt offer som behagar Gud – er andliga gudstjänst. Och anpassa er inte efter den här världen, utan låt er förvandlas genom förnyelsen av ert sinne så att ni kan pröva vad som är Guds vilja: det som är gott och fullkomligt och behagar honom" (Rom. 12:1-2).

Om vi vill gensvara till det som Gud har för oss, måste vi ha kunskap i Guds Ord. Vi behöver också förnya våra sinnen genom den uppenbarelse Ordet skänker oss. Genom att läsa Bibeln kan vi förstå vad Gud har givit oss i Kristus, vilket vi behöver påminna oss om dagligen. Därför är det viktigt att vi fyller våra liv med Guds ord. Paulus kallar evangeliet Guds nådesord, vilket har makt att uppbygga och etablera oss i vår arvslott som Guds söner och döttrar. *"Nu överlämnar jag er åt Gud och hans nåderika ord, som har makt att bygga upp er och ge er arvet bland alla som helgats"* (Apg. 20:32). När vi dagligen lever i Guds Ord, kommer vi att uppbyggas och utrustas för allt gott verk som Fadern har planerat för oss. Vi måste alltid komma ihåg vilket privilegium det är att ha möjlighet att studera Guds Ord, och därigenom lära känna Guds Fadershjärta. Närhelst vi behöver det har vi tillträde till Guds tankar genom Skriften, vilket är en välsignelse som vi verkligen borde ta till oss det mesta av.

2)   Tillbedjan och lovprisning

*"Lova Herren, min själ! Hela mitt inre, prisa hans heliga
namn! Lova Herren, min själ, och glöm inte allt gott han
gör – han förlåter dig alla dina synder och botar alla dina
sjukdomar, han friköper ditt liv från graven och kröner dig
med nåd och barmhärtighet, han mättar ditt begär med sitt
goda så att du blir ung på nytt som en örn"* (Ps. 103:1-5).

Som människor är vi skapade till att prisa och upphöja
Gud, och det finns en djup längtan i varje människas
hjärta att bli en tillbedjare. Detta människans behov av
att tillbe är anledningen till att det finns så många
avgudar och falska religioner i den här världen.
Som troende är vi kallade till att lovprisa Fadern i
Ande och sanning (Joh. 4:1-22). En av anledningarna
till att lovsång och tillbedjan är så viktigt är att det
hjälper oss att förstå hur helig och stor vår Gud är.
Våra utmaningar och problem förbleknar i jämförelse
med Guds härlighet. Genom att leva i lovsång och
tillbedjan lär vi oss också att ta emot Guds nåd på bästa
sätt. Att lovprisa Herren hjälper oss nämligen att
komma ihåg att alla goda gåvor kommer från
himlaljusens Far (Jak. 1:17). En annan välsignelse av att
leva i tillbedjan är att vi blir lik det som vi tillber.
Genom att tillbe Kristus förvandlas vi till hans avbild.

3)   Bön

*"Gör detta under ständig bön och åkallan och be alltid i
Anden. Var därför vakna och håll ut i bön för alla de heliga"*
(Ef. 6:18).

Bön förlöser Guds kraft i denna värld. I Bibeln finns
det exempel på många olika typer av bön och uttryck
för bön. För att leva ett segerrikt böneliv behöver vi
förstå de olika principerna för bön. När vi lever i en

växande uppenbarelse av bönens verklighet så blir vår gemenskap med Kristus dynamisk och spännande. Det finns så många dimensioner i ett liv i bön och utrymmet tillåter inte något djupare studium. Men en bra startpunkt är att be Herren lära oss hur vi ber. *"En gång var Jesus på en plats och bad. När han hade slutat, sade en av hans lärjungar till honom: 'Herre, lär oss att be, liksom Johannes lärde sina lärjungar'"* (Luk. 11:1). När vi lär oss mer och mer om ett liv i bön så kommer bön och lovprisning att bli ett dagligt äventyr med Gud.

4)   Att tala ut Guds Ord

"Men vi har samma trons Ande som i skriftordet: Jag tror, därför talar jag. Även vi tror, och därför talar vi" (2 Kor. 4:13).

Tron talar alltid och genom våra talade ord förlöser vi Guds kraft. När vi vet vad vi har i Kristus, och i tro bekänner att det är vårt, så ger vi den helige Ande något att arbeta med. Vi kan förlösa antingen död eller liv genom våra ord. Därför är det viktigt att vi lär oss hur vi talar ut Guds Ord (Ordspr. 18:20-21). När vi talar i enlighet med den ställning vi har i Kristus, kommer våra liv förvandlas genom Guds nåd, och vi kommer att bli rotade och grundade i hans kärlek. Det är också genom att tala ut Guds Ord som vi kan betjäna och förmedla nåd till andra. *"Låt inga smutsiga ord komma över era läppar, utan bara det som är gott och bygger upp där det behövs, så att det blir till glädje för dem som hör det"* (Ef. 4:29). Att tala Guds Ord från ett hjärta fyllt av tro är vad Bibeln beskriver som *"trons ande"*.

5)   Ödmjukhet

"Likaså ni yngre, underordna er de äldre. Och ni alla, klä er i ödmjukhet mot varandra, för Gud står emot de högmodiga

*men ger nåd åt de ödmjuka. Ödmjuka er därför under Guds
mäktiga hand, så ska han upphöja er när tiden är inne"* (1
Petr. 5:5-6).

Gud älskar ett ödmjukt hjärta. Att leva i ödmjukhet
innebär att vi lyder Gud och ger upp vår egen stolthet
och intar en enkel position som tjänare inför honom.
Genom att vi ödmjukar oss inför Gud kommer vi att få
del av ännu mera nåd (Jak. 4:6). När vi ibland inte ser
några genombrott i våra liv så beror det på att Gud inte
kan samarbeta med människor som bär på högmod.
Ödmjukhet är Kristi sinnelag och när vi ödmjukar oss
själva får Gud tillträde till våra liv och stärker oss med
sin nåd. Anledningen till detta är att när vi lever i
ödmjukhet så anpassar vi oss till Gud vilja. Detta
innebär att vi ger upp de privilegier vi möjligen har
rätt till och ger plats för hans vilja att verka genom oss.
Ödmjukhet kommer alltid att vara den framkomliga
vägen när vi lever i Guds nåd.

6) Omvändelse

*"Gör detta och tänk på tiden, att det är dags för er att vakna
upp ur sömnen. Frälsningen är oss närmare nu än när vi
kom till tro. Natten går mot sitt slut och dagen är nära. Låt
oss därför lägga bort mörkrets gärningar och ta på oss ljusets
vapenrustning"* (Rom. 13:11-12).

Att alltid vara villiga till omvändelse är en naturlig
följd av ett liv i ödmjukhet. Den som är ödmjuk är
också alltid snar till att omvända sig; när vi väljer att
göra oss av med mörkrets gärningar och i stället ikläda
oss Kristus Jesus, så kommer Guds nåd att verka för
oss. Stolthet och oförmåga att ta emot tillrättavisning
är ett stort hinder för vår tillväxt i tron. Men när vi är
snara till att omvända oss, så kommer vi att uppleva
andlig tillväxt och få full tillgång till Guds kraft. När vi

möter Guds nåd blir våra hjärtan mjuka. Då kommer vi att leva i omvändelse och en kristuslik livsstil blir vårt naturliga levnadssätt.

7)   Att leva i förlåtelse

"Lägg bort all bitterhet, häftighet och vrede, allt skrikande och förolämpningar och all annan ondska. Var i stället goda och barmhärtiga mot varandra och förlåt varandra, så som Gud i Kristus har förlåtit er" (Ef. 4:31-32).

I ett tidigare kapitel ägnade vi mycket utrymme åt att behandla syndernas förlåtelse. Vi fann då att Kristus har förlåtit och burit bort våra synder, utan att vi på något sätt har kunnat göra något för att förtjäna hans förlåtelse. Att utvecklas i likhet med Kristus innebär att ger vidare samma slags förlåtelse som vi fått till dem som syndat gentemot oss (Kol. 3:12-14). Ett oförlåtande sinnelag kräver att folk ska få vad de förtjänar. Men när vi blivit etablerade i Guds nåd kommer vi att älska att förlåta och ge vidare den nåd vi själva fått. Det är omöjligt att bli effektiva Herrens tjänare i det Nya förbundet om vi bär bitterhet i våra hjärtan (Hebr. 12:14-15).

Om vi vill bygga upp och stärka Kristi kropp och ta emot Guds nåd i all dess fullhet, så måste vi lära oss hur vi lever i ständig förlåtelse. När vi lär oss älska nåden och en livsstil av förlåtelse, så kommer Guds nåd förlösas genom våra attityder och handlingar. Det finns inget mer kristuslikt sätt att leva, än att leva i förlåtelse. Även om världen försöker övertyga oss om att vi förlorar på ett sådant beteende, så kommer Gud se till att det blir vi som sist och slutligen vinner.

8)   Generositet

"Var och en ska ge vad han har bestämt i sitt hjärta, inte med olust eller tvång, för Gud älskar en glad givare. Och Gud har makt att ge er all nåd i överflöd, så att ni alltid och i allt har nog av allt och kan ge i överflöd till varje gott verk" (2 Kor. 9:7-8).

Genom sidorna i denna bok har vi konstaterat att Guds nåd uppenbarar vilken generös Far Gud är. Gud älskar en glad givare och när vi generöst delar med oss av vår tid, våra pengar och andra ägodelar så återspeglar vi Guds natur. Generositet är också ett sätt att gensvara till Guds nåd och vi kan aldrig bli mera generösa givare än Gud. Han kommer alltid se till att vår skörd blir större än sådden. När vi lever efter lagen om sådd och skörd, så kommer vi ha allt i överflöd. Då kommer vi också ha möjlighet att ge ännu mer av det vi har in i Guds rike. Glädjen av att dela med sig till andra är en belöning som ger ännu mer än den skörd som vi möjligen får.

9)   Fasta

"När ni fastar, se då inte dystra ut som hycklarna, som vanställer sina ansikten för att visa människor att de fastar. Jag säger er sanningen: De har fått ut sin lön. Nej, när du fastar, smörj in ditt huvud och tvätta ditt ansikte så att inte människor ser att du fastar, utan bara din Far som är i det fördolda. Då ska din Far, som ser i det fördolda, belöna dig" (Matt. 6:17-18).

Fasta förändrar inte Gud men fasta förändrar oss och gör oss mer andligt känsliga. Om det är svårt för oss att urskilja vad som är Guds vilja i en viss situation, kan det vara en god idé att fasta några dagar. Fasta är också ett sätt att handskas med vårt kött och att ödmjuka oss inför Gud. När Jesus talar om fasta, så säger han *"när ni fastar"*, vilket visar att fasta är något som vi förväntas göra. Fasta är en av de vägar vi kan gå för att bli mer känsliga för den helige Ande och kunna gensvara till Guds vilja i våra liv.

10) Enkel lydnad

"Så ska också ni se på er själva: ni är döda från synden och lever för Gud i Kristus Jesus" (Rom. 6:11).

Att betrakta oss själva som döda från synden och levande för Gud innebär att Gud har fullt tillträde till våra liv. Detta betyder också att en omedelbar och entydig lydnad behöver bli en viktig del av varje troendes livsstil. När vi blev korsfästa med Kristus, förlorade vi bestämmanderätten över våra egna liv. Vi blir frälsta genom att bekänna Jesus som Herre. *"För om du med din mun bekänner att Jesus är Herren och i ditt hjärta tror att Gud har uppväckt honom från de döda, ska du bli frälst"* (Rom. 10:9). Detta är också mycket befriande, eftersom Jesus är mycket bättre på att leda oss än vad vi själva någonsin kommer att bli. Dessutom slipper vi stressa och oroa oss över framtiden, för vi kan vara säkra på att vår Far tar hand om oss. När vi stiger ut i tro och lydnad, så är Guds nåd med oss och ger oss förmåga att göra det som Gud kallat oss till.

11) Att vara en del av en levande församling

"Låt oss ge akt på varandra och sporra varandra till kärlek och goda gärningar. Och låt oss inte överge våra sammankomster, så som några brukar göra, utan i stället uppmuntra varandra, och det så mycket mer som ni ser att dagen närmar sig" (Hebr. 10:24-25).

Som vi redan har upptäckt, är en av vägarna till att ta emot Guds nåd att den förmedlas genom Kristi kropp. För att bli delaktiga av nåden så behöver vi koppla ihop med andra troende. Det bästa sättet för detta är att bli en del av en lokal församling. Då kommer vi i rätt ställning för att uppleva Guds nåds förvandlande kraft genom den helige Andes liv, som flödar genom Kristi kropp. Genom att vara en del av en lokal församling kommer vi att bli uppbyggda, utrustade och få ta emot en god undervisning. I det ligger också att vi kommer att kunna förmedla nåd till våra bröder och systrar i Kristus. En församling kan se ut på många olika sätt, alltifrån en vanlig frikyrkoförsamling, en megakyrka, eller en husförsamling. Hur formen på gemenskapen ser ut är inte det viktiga. Det viktiga är att finnas med i en levande gemenskap med andra troende som älskar Jesus.

Att vara tillgänglig för Gud

Som jag redan nämnt, så är detta långt ifrån någon komplett lista. Men den kan ge en föreställning om var vi kan börja vår vandring mot att göra oss själva mer tillgängliga för Gud. Allt har redan ställts till vårt förfogande av nåd, men ibland kan det ändå vara så att vi missar underbara tillfällen att se Guds kraft verka genom oss på grund av att vi förblir passiva. Vägen till att förbli tillgängliga för den helige Ande är att medvetet ge utrymme för honom att verka genom våra liv. Detta gör vi genom att ta tid att utveckla goda vanor. Med tiden blir dessa vanor en livsstil och då blir det lättare att gensvara till Guds nåd på ett sätt som förlöser Guds kraft.

SAMMANFATTNING

När vi lär oss hur vi gensvarar till Guds nåd i tro, så kan vi leva uppfyllda av Guds kraft och den helige Andes frihet. Att leva av nåd genom tro kommer att grunda oss i ett liv av glädje och frid.

Det kommer också hjälpa oss att undvika både passivitet och lagiskhet. Allt som Bibeln lär oss om uppträdande och en kristen livsstil är tänkt att vara ett gensvar till Guds nåd. När vi lär oss att samarbeta med Kristus mer och mer kommer människor att förvandlas genom den helige Andes kraft. Att låta vårt liv formas av vårt gensvar till Jesus gör livet som troende väldigt spännande!

EN AVSLUTANDE
HÄLSNING

"Efter en liten tids lidande ska all nåds Gud, som har kallat er till sin eviga härlighet i Kristus, upprätta, stödja, styrka och befästa er. Hans är makten i evighet. Amen" (1 Petr. 5:10-11).

Nu har denna bok nått sitt slut och jag hoppas att ni blivit välsignade av att läsa den. På många sätt är det som jag skrivit här på dessa sidor en sammanfattning av min egen personliga vandring med Herren. Det är en vandring mot att förvandlas och växa i den skönhet och det djup som finns i Guds nåd. På grund av nya upptäckter som jag gjort under resans gång har jag fått ändra bokens upplägg några gånger. Men det som blivit kvar är uppenbarelsen om att varje välsignelse vi har i Kristus beror på Guds nåd. Guds nåd har makten att förvandla vem som helst som vill förvandlas. Sist och slutligen är det all nåds Gud som bekräftar, styrker och befäster oss under hela processen av förvandling.

Nyckeln för mig har varit att förstå att Guds nåd är både en oförtjänt favör och Guds aktiva kraft och inflytande. Att nåden är en oförtjänt favör visar på Guds godhet. Han ger oss så många förmåner eftersom han är en så god och kärleksfull Far. Men Guds nåd är också hans makt som regerar i liv och som övervinner vårt gamla liv. Genom Guds nåd får vi styrka att fullfölja det Gud vill med våra liv. Jag började skriva denna bok med intentionen att visa er läsare att det är endast genom nåd som en sann förvandling kan komma till stånd. Detta är den slutsats jag kommit till genom att studera detta ämne på djupet. Guds nåd är sannerligen förunderlig!

En slutlig uppmuntran

Ni har blivit kallade till att leva av nåd och genom tro på ett sätt som visar världen vem Jesus Kristus verkligen är. Vi är mer än övervinnare genom honom som älskar oss. Guds nåd förvandlar oss till att i allt bli de personer som Gud kallat oss att vara. Liv kommer att bli förvandlade; människor kommer att bli frälsta, och de brustna kommer att upprättas när vi ger vårt gensvar till Guds nåd. Vi har verkligen en mycket ljus framtid, full av hopp och frihet. Gud är ännu inte klar med oss och våra bästa dagar ligger ännu framför oss. Jag vill avsluta denna bok med Pauls avslutande välsignelse till de troende i Korint. Detta är också hans välsignelse till dig.

"Vår Herre Jesu Kristi nåd, Guds kärlek och den helige Andes gemenskap vare med er alla" (2 Kor. 13:14).

När inget annat anges har bibelcitat hämtats från Svenska Folkbibeln 2015; © 2015, Stiftelsen Svenska Folkbibeln, Stockholm, och Stiftelsen Biblicum, Ljungby.

Bibelcitat markerade med The Passion Translation; fritt tolkat till svenska har hämtats från The Passion Translation®, a registered trademark of Passion & Fire Ministries, Inc. Copyright © 2020 Passion & Fire Ministries, Inc.

OM FÖRFATTAREN

Martin Reén bor i norra Sverige, med sin fru Linda och deras tre barn Isak, Benjamin och Noomi. Martins och Lindas vision har alltid varit att lära känna Guds Fadershjärta på ett djupare sätt; att växa i en nära relation med Jesus Kristus och att förvandlas till hans avbild.

Martins vision är att presentera Faderns kärlek och Kristi fullbordade verk för så många enskilda delar av Kristi kropp som möjligt. Hans längtan är att troende ska bli trygga i sin identitet som Guds söner och döttrar och lära sig leva sina liv i Kristus. Martin och Linda reser över hela världen för att förkunna evangeliet. De undervisar i bibelskolor, seminarier, konferenser och i event via nätet. Andra uppgifter är mission, själavård och lärjungaträning.